Theo Blümer, Robert Gräve, Matthias Opitz

Rechne mit Zalo Zifferli: Band 3

Umgang mit Zahlen:

- Einführung der Zahlen
- erste Rechenoperationen

Persen Verlag GmbH

Ein Konzept für Schüler mit erhöhtem Förderbedarf im Lernbereich Mathematik

in
- Förderschulen mit dem Schwerpunkt geistige Entwicklung
- Förderschulen mit dem Schwerpunkt körperliche und motorische Entwicklung
- Eingangsklassen der Förderschulen mit den Schwerpunkten Lernen, Sprache sowie emotionale und soziale Entwicklung
- Vorklassen und Kindergärten
- Grundschulen als Stützkurs für lernschwache Schulanfänger
- Regelschulen im Rahmen der integrativen Beschulung von Schülern mit besonderem Förderbedarf (gemeinsamer Unterricht)

Autoren: Theo Blümer, Robert Gräve, Matthias Opitz
Wissenschaftliche Beratung: Prof. Dr. Reinhard Kutzer †
Grafik: Sylvia Messy

Für zeitweise Mitarbeit und vielfältige Unterstützung danken wir allen Kolleginnen und Kollegen, die uns mit Rat und Tat zur Seite gestanden haben, insbesondere den zahlreichen Schülern, die an der praktischen Erprobung dieses Unterrichtswerks beteiligt waren.

Anmerkung: Nur aus Gründen der besseren Lesbarkeit wurde im nachstehenden Text bei Personen oder Personengruppen in der Regel nur die maskuline Form verwendet („Schüler" statt „Schülerinnen und Schüler"), gemeint sind damit selbstverständlich stets maskuline und feminine Personen und Personengruppen.

Gedruckt auf umweltbewusst gefertigtem, chlorfrei gebleichtem und alterungsbeständigem Papier.

1. Auflage 2007
Nach den seit 2006 amtlich gültigen Regelungen der Rechtschreibung

Illustration: Sylvia Messy
Satz: MouseDesign Medien AG, Zeven

ISBN 978-3-8344-**3768**-6

www.persen.de

Vorwort (der alten Auflage)

Elementare mathematische Förderung in der Förderschule mit dem Schwerpunkt geistige/ganzheitliche Entwicklung, in Vorklassen oder in Kindergärten – ja oder nein? Diese Frage wird auch heute noch sehr kontrovers diskutiert. Die Ursachen für die bestehenden Meinungsunterschiede sind sehr vielschichtig. Sie reichen von den unterschiedlichen Schüler- bzw. Kinderbildern, welche die Befürworter und Gegner einer solchen Förderung haben, über die unterschiedliche Einschätzung der Bedeutung elementarer mathematischer Förderung bis hin zu den unterschiedlichen Erfahrungen bei entsprechenden Förderversuchen. Unsere Untersuchungen haben gezeigt, dass – vorausgesetzt es wird kind-, sach- und lernstrukturgemäß unterrichtet – sehr wohl eine Förderung bei den genannten Kindergruppen sinnvoll und möglich ist. Es ist erwiesen, dass eine solche Förderung nicht nur den Umgang mit Zahlen vorbereitet und erschließt, sondern zugleich auch eine Erweiterung der allgemeinen kognitiven Kompetenz bewirkt. So stellt z. B. die Vermittlung der Erkenntnis, dass die Veränderung der Anordnung der Elemente einer Menge keine Veränderung der Anzahl bewirkt, zum einen eine unabdingbare Voraussetzung für einen verstehenden Umgang mit den Kardinalzahlen dar, zum anderen ist diese für invariantes Verhalten erforderliche Übung gedanklichen Handelns eine wesentliche Grundlage einer allgemeinen Förderung.

In Kenntnis dieser Zusammenhänge wurden an der Universität Marburg in 25-jähriger Forschungsarbeit Bedingungen und Verlauf elementarer mathematischer Lernprozesse untersucht. Das Ergebnis dieser Untersuchung ist, dass einerseits z. B. die Stationen der Zahlbegriffentwicklung genauer beschrieben und andererseits mit der Erkenntnis der Mehrdimensionalität von Lernprozessen auch die Struktur des Lernens allgemein besser erfasst werden kann. Diese Erkenntnisse bilden die Grundlage des vorliegenden Beitrags. Die Autoren haben versucht, sie in ihrer praktischen Relevanz darzustellen und – durch ihre breiten Erfahrungen in der Unterrichtspraxis gestützt – methodisch aufzubereiten. Dies ist m.E. hervorragend gelungen, wenngleich auch die Autoren den Beitrag nicht als Ende, sondern als den Anfang ihrer Bemühungen ansehen.

Ich möchte mich jedenfalls sehr herzlich für das jahrelange Engagement der Autoren mit dem Ziel der Verbesserung der Lernsituation gerade benachteiligter Kinder und für die außergewöhnlich gute und freundschaftliche Zusammenarbeit bedanken.

Ich bin sicher, dass das Werk für alle die Lehrerinnen und Lehrer eine Hilfe bei ihrer schweren Arbeit darstellt, die in Kindergärten, Vorklassen, Förderschulen und Grundschulen den Umgang mit Zahlen vermitteln wollen oder dabei beratend Hilfe leisten.

Prof. Dr. Reinhard Kutzer, Marburg 1998

Vorwort zur aktuellen Auflage

Nun sind fast zehn Jahre ins Land gegangen, seitdem das kleine Würfelmännchen Zalo Zifferli das Licht der Welt erblickte (damals noch im Auer Verlag). Das Unterrichtswerk für Schüler mit erhöhtem Förderbedarf im Lernbereich Mathematik hat in dieser Zeit weite Verbreitung gefunden. Die vielen Rückmeldungen, die das Autorenteam im Laufe der Zeit von Lehrkräften – vor allem von Pädagogen an Förderschulen mit dem Förderschwerpunkt geistige Entwicklung – erhalten haben, bestätigen immer wieder die Praxistauglichkeit dieses Konzepts. Der Ansatz eines struktur- und niveauorientierten Mathematikunterrichts von Prof. Dr. Reinhard Kutzer (†) hat damit auch in den Förderschulen seine Bewährungsprobe bestanden.

Die vorliegende Neuauflage im Persen Verlag in der Reihe Bergedorfer Förderschulpraxis hält am bewährten Konzept fest. Neben einer neuen Gestaltung finden sich Veränderungen vor allem in der Rubrik ‚Beispiele für den Unterricht'. Zahlreiche Ideen und Änderungsvorschläge stammen von Lehrkräften, die das Konzept in der Praxis erprobt haben. Wir bedanken uns herzlich für diese Anregungen.

Neu ist auch die CD-ROM, die diesem Unterrichtswerk beiliegt. Darauf finden sich alle im Buch aufgeführten Spiele mit einer ausführlichen Spielbeschreibung, möglichen Varianten und dem benötigten Spielmaterial. Für den schnellen und problemlosen Unterrichtseinsatz können mithilfe der CD-ROM die Spielkarten, Spielpläne und ähnliches direkt farbig und in Originalgröße ausgedruckt werden. Auch die Arbeitsblätter aus dem Buch finden sich auf der CD-ROM. Sie können für die Bedürfnisse einzelner Schülerinnen und Schüler individuell verändert und ebenfalls farbig ausgedruckt werden.

Das Autorenteam hofft, allen Kolleginnen und Kollegen – vor allem auch denjenigen, die im Lernbereich Mathematik fachfremd unterrichten müssen – mit dieser Neuauflage wieder eine Arbeitshilfe an die Hand zu geben, die es ihnen ermöglicht, mit angemessenem Vorbereitungsaufwand fachlich stimmigen, differenzierten und schülerangemessenen Förderunterricht im Lernbereich Mathematik zu realisieren.

Theo Blümer, Robert Gräve, Matthias Opitz

Für wen wurde dieses Unterrichtswerk erarbeitet?

Vor Ihnen liegt der dritte Band eines dreiteiligen Unterrichtswerks für den Mathematikunterricht bei Schülern mit erhöhtem Förderbedarf. Anlass für die Erarbeitung dieses Unterrichtswerks war die Erfahrung, dass man kaum konkrete Hilfestellungen für die Unterrichtsplanung im Lernbereich Mathematik findet, wenn man mit lernschwachen Schülern arbeitet.

Notwendig erscheint uns eine Konzeption, die ausgehend von der individuellen Lernausgangslage des lernschwachen/entwicklungsverzögerten/geistig behinderten Schülers, in kleinsten Schritten systematisch in die primären Lernfelder der Mathematik einführt.

Für die Förderschule mit dem Schwerpunkt Lernen hat Prof. Reinhard Kutzer eine solche Konzeption erarbeitet. Das Unterrichtswerk „Mathematik entdecken und verstehen" *(R. Kutzer, Band 1 ff, Braunschweig 2001),* das in 8 Bänden einschließlich der entsprechenden Lehrerhandbücher *(R. Kutzer, Lehrerband 1 ff, Braunschweig 2001)* vorliegt, verfolgt konsequent einen struktur- und niveauorientierten Ansatz.

Diese Konzeption hat inzwischen nicht nur in den Förderschulen mit dem Schwerpunkt Lernen weite Verbreitung gefunden, sondern auch dem Mathematikunterricht der Grundschule neue Anregungen gegeben. Voraussetzung für strukturorientiertes Lernen ist die sorgfältige Analyse der Strukturelemente eines zu erarbeitenden Lernziels, ihre Darstellung und Einordnung in einen größeren Zusammenhang (Lernvoraussetzungen für dieses Ziel, nachfolgende Lernziele). Dann wird sehr genau die Lernausgangslage des Schülers ermittelt und so sein Standort im Lernstrukturgitter festgestellt. Damit sind gleichzeitig die nächsten Schritte, die der Schüler auf seinem individuellen Lernweg gehen kann, aufgezeigt. Entweder ist der nächste Schritt eine Steigerung des Niveaus (z. B. von konkreten Handlungen zu Denkoperationen) oder eine Steigerung der Komplexität (z. B. von einfachen Sachstrukturen und Inhalten zu schwierigeren). Zur näheren Erläuterung dieser Konzeption sei verwiesen auf den Lehrerband 1 des o. g. Unterrichtswerkes. Dort wird im 3. Kapitel die Theorie des struktur- und niveauorientierten Lernens ausführlich dargestellt. (Kutzer, 2001, 12ff)

Bei Schülern, die in ihrer Entwicklung sehr stark verzögert oder z. B. durch eine geistige Behinderung beeinträchtigt sind, kann das Unterrichtswerk von Prof. Kutzer in der vorliegenden Form keine Anwendung finden, da es auf einem Niveau einsetzt, das in der Regel oberhalb der Lernausgangslage dieser Schüler liegt. Hier muss auf wesentlich niedrigerem Niveau mit der Erarbeitung des pränummerischen Bereichs begonnen werden.
Die Autoren haben den Versuch unternommen, unter konsequenter Berücksichtigung des struktur- und niveauorientierten Ansatzes von Prof. Kutzer ein Unterrichtswerk zu erstellen, das – ausgehend von Elementarerfahrungen – systematisch in die primären Lernfelder der Mathematik einführt. Der gesamte Bereich wurde unter Berücksichtigung des struktur- und niveauorientierten Ansatzes aufgearbeitet, beginnend bei der Auseinandersetzung mit Gegenständen und ihren Eigenschaften (Form, Größe, Farbe), über Mengenoperationen im vorzahligen Bereich, Einführung der Zahlen, bis hin zu einfachen Rechenoperationen im Zahlenraum bis 6. Für die wichtigsten Bereiche wurden Lernstrukturgitter erstellt und zahlreiche detaillierte Vorschläge zur methodisch-didaktischen Umsetzung gemacht. Durch mehrjährige Erprobung in der Schule (insbesondere in der Förderschule mit dem Schwerpunkt geistige Entwicklung) wurde die Praxisrelevanz überprüft. Das dreibändige Unterrichtswerk – jeweils bestehend aus didaktisch-methodischen Überlegungen mit konkreten Vorschlägen für den Unterricht und Beispielarbeitsblättern für die Hand der Schüler – wurde komplett überarbeitet und ergänzt. Mit dessen Hilfe ist es nach kurzer Einarbeitungszeit möglich, einen konzeptionell stimmigen, individuell auf eine Lerngruppe ausgerichteten, systematisch aufgebauten Mathematikunterricht durchzuführen.

Bezogen auf die Förderschule mit dem Schwerpunkt geistige Entwicklung trägt das vorliegende Unterrichtswerk der in der Praxis häufig erhobenen Forderung Rechnung, den Mathematikunterricht doppelgleisig aufzubauen: Es sollen einerseits lebenspraktische Inhalte vermittelt werden, andererseits soll eine systematische Einführung in die primären Felder der Mathematik erfolgen. Dieses Unterrichtswerk schließt die Lücke im Angebot mathematischer Arbeitshilfen für diesen Schultyp, indem es die bereits auf dem Markt befindlichen Handreichungen zu speziellen mathematisch-lebenspraktischen Themen (zeitliche Orientierung mit Uhr und Kalender, Umgang mit Geld, Umgang mit Längenmaßen, Umgang mit Gewichten etc.) um eine systematische Einführung in grundlegende mathematische Lernfelder ergänzt.

Da mit dieser Konzeption systematisch in die primären Lernfelder der Mathematik eingeführt wird, eignet sie sich auch für den Einsatz in Vorklassen und Kindergärten, in Eingangsklassen der Förderschulen, in Förderschulen mit den Schwerpunkten Lernen, Sprache, emotionale und soziale sowie körperliche und motorische Entwicklung, als Stützkurs für lernschwache Schulanfänger in Grundschulen und im Rahmen der integrativen Beschulung von Schülern mit besonderem Förderbedarf in Regelschulen (gemeinsamer Unterricht).

Dieser dritte Band trägt den Untertitel UMGANG MIT ZAHLEN. Nach dem in den Bänden 1 und 2 die Grundlagen zum Verständnis des Zahlenbegriffs vermittelt wurden, werden in diesem 3. Band die Zahlen eingeführt. Zunächst werden die Ziffern von 1 bis 6 erarbeitet. Dann folgen die Anwendungen des Zahlenmaterials bei Additions- und Subtraktionsaufgaben. Schließlich wird ein Ausblick auf die Einführung weiterer Zahlen und die Erweiterung des Zahlenraums gegeben.

Welche Fähigkeiten müssen Schüler mitbringen, damit sie nach dem Konzept dieses Unterrichtswerks gefördert werden können?

Es wird vorausgesetzt, dass die Schüler

- über einen weitgehend intakten Sehsinn verfügen, der es ihnen ermöglicht, Objekte im körpernahen Bereich zu erkennen und zu unterscheiden.
- über einen weitgehend intakten Hörsinn verfügen, der es ihnen ermöglicht, einfache verbale Anweisungen und Begriffe wahrzunehmen. (Bei fachgerechter Übertragung der Anweisungen und Begriffe in Gebärden und bei entsprechenden behinderungsspezifischen Modifikationen erscheint es uns durchaus möglich, das Unterrichtswerk auch bei gehörlosen Schülern einzusetzen.)
- Auge und Hand so weit koordinieren können, dass sie mit der Hand gezielt auf Gegenstände, Abbildungen etc. zeigen können bzw. diesen Zeigevorgang gezielt mit anderen Körperteilen oder Hilfsmitteln ausführen können.
- über kognitive Fähigkeiten verfügen, die es ihnen ermöglichen, aus dem Umgang mit Material Erkenntnisse abzuleiten, einfache Anweisungen und Regeln zu verstehen und neue Begriffe zu erlernen und zu speichern.
- über einen kurzen Zeitraum eine zielgerichtete Tätigkeit ausführen können.
- bereit sind, sich an der Aktivität ihrer Lerngruppe zumindest im Rahmen einer Einzelarbeit zu beteiligen.
- die grundlegenden Lernziele aus Band 1 GEGENSTÄNDE UND IHRE EIGENSCHAFTEN und Band 2 STRUKTURELEMENTE DER GRUNDZAHLEN erreicht haben.

Es ist von Vorteil, wenn die Schüler

- über weitere feinmotorische Fähigkeiten verfügen, die es ihnen ermöglichen, z. B. Formen in entsprechende Öffnungen zu stecken, Perlen aufzufädeln, Gegenstände (Muggelsteine etc.) in einer Reihe anzuordnen usw.
- aktiv über Sprache verfügen und Gegenstände etc. benennen können bzw. laut zählen können.
- grafomotorisch in der Lage sind, einfache Schreibgeräte zu handhaben und damit Ziffern zu schreiben.

Wie arbeite ich mich in dieses Konzept ein?

Lesen Sie hierzu bitte auch die Hinweise in Band 1 und 2.

Am schnellsten können Sie sich mit dem Aufbau dieses 3. Bandes vertraut machen, wenn Sie sich zunächst die jedem Kapitel vorangestellte Abfolge der Lernziele und Lernschritte anschauen. Sie lesen am besten zunächst die Texte auf den Notizzetteln am Rand jeder Eingangsseite. Hier wurde von Zalo Zifferli, der Leitfigur dieses Unterrichtswerks, recht flott formuliert, was in dem jeweiligen Kapitel von den Schülern verlangt wird. Wenn Sie dann Zalo Zifferlis Aussagen mit den darüberstehenden Lernziel- und Lernschrittformulierungen vergleichen, bekommen Sie einen ersten Überblick über Inhalt und Aufbau des jeweiligen Kapitels.

Als nächsten Schritt schauen Sie sich bitte ein Kapitel näher an. Am besten wählen Sie ein Kapitel aus, das nach Ihrer Einschätzung für die Lerngruppe, die Sie unterrichten, zur Zeit relevant ist. Führen Sie mit Ihren Schülern einige Probeaufgaben durch und überprüfen Sie, was Ihre Schüler schon können. Damit haben Sie in groben Zügen die Lernausgangslage Ihrer Lerngruppe ermittelt.

Jetzt haben Sie einen Anhaltspunkt, an welcher Stelle Sie mit Ihren Schülern sinnvollerweise in das Unterrichtswerk einsteigen sollten. Suchen Sie sich anhand der jedem Kapitel vorangestellten Übersicht den entsprechenden Lernschritt heraus. Beginnen Sie etwa zwei bis drei Lernschritte unterhalb des ermittelten Ist-Standes. Wenn Sie die entsprechenden Seiten im Unterrichtswerk aufschlagen, finden Sie übersichtlich nebeneinander – angelehnt an geläufige Darstellungen von Unterrichtsplanung – links jeweils das Lernziel und den daraus abgeleiteten, klar umrissenen Lernschritt. In der Mitte stehen erläuternde methodisch-didaktische Hinweise und rechts konkrete Beispiele für den Unterricht mit Medienangaben und Hinweisen auf Arbeitsblätter. Mithilfe dieser Informationen, Anregungen, Spielvorschläge, Medien und Materialien wird es Ihnen nicht mehr schwerfallen, den Mathematikunterricht für Ihre spezielle Lerngruppe erfolgreich zu planen und durchzuführen.

Was muss ich noch beachten?

Die Abfolge der Lernziele baut hierarchisch (mit steigendem Schwierigkeitsgrad) aufeinander auf. Sie werden aber immer wieder die Erfahrung machen, dass Schüler es (noch) nicht schaffen, alle Stufen des Lernstrukturgitters zu bewältigen. Z. B. hat ein Schüler gelernt, festzustellen, dass die eine Menge mehr und die andere Menge weniger Elemente hat. Er hat aber noch große Schwierigkeiten, diese Erkenntnis durch richtiges Ankreuzen auf den Arbeitsblättern zu dokumentieren. Trotzdem können diese Schüler mit der Arbeit an den nächsten Kapiteln beginnen. Auch hier werden sie zunächst nur bis zu einem gewissen Niveau fortschreiten. Danach werden die noch nicht vollständig bearbeiteten Kapitel erneut – aber jetzt auf höherem Niveau beginnend – durchgearbeitet.

Beim kontinuierlichen Durcharbeiten der Lernziele werden viele lernschwache Schüler irgendwann die Grenzen ihres kognitiven Leistungsvermögens erreichen. In diesem Fall geben die Fußnoten in den einzelnen Kapiteln Hinweise, wie diese Schüler weiter gefördert werden können. Entweder wird empfohlen, einige Lernschritte zurückzugehen und umfangreichere Übungen auf konkret-anschaulicher Ebene zwischenzuschalten oder es müssen auf der Basis des erreichten mathematischen Lernniveaus Übungen zur Festigung und zur lebenspraktischen Umsetzung (Umgang mit Geld, Uhr, Maßen etc.) angeboten werden.

Lernschritte, die durch [eckige Klammern] gekennzeichnet sind, beschreiben fakultative Lerninhalte, die für die Fortsetzung des Lehrgangs nicht zwingend erforderlich sind.

Die Abfolge der Lernziele (steigender Schwierigkeitsgrad) ist nicht in jedem Fall zwingend. Je nach Bedingungsfeld, Zielvorstellungen der Lehrkraft oder aus dem ausschließlichen Blickwinkel der lebenspraktischen Verwendbarkeit kann es angezeigt sein, die vorgezeichneten Wege dieses Unterrichtswerks zu verlassen und einzelne Lernziele zunächst zu überspringen oder isoliert zu erarbeiten.

Kapitel, die durch [eckige Klammern] gekennzeichnet sind, beinhalten fakultative Lernziele, Lernschritte und Unterrichtsbeispiele. Diese Ergänzungsangebote für Leistungsstärkere Schüler müssen nicht zwingend bearbeitet werden.

Wie setze ich die Arbeitsblätter ein?

Hinweise auf vorhandene Arbeitsblätter finden Sie im Unterrichtswerk in der Spalte ‚Beispiele für den Unterricht'. Die Arbeitsblätter sind dort verkleinert abgebildet und fortlaufend nummeriert. Beispielsweise gibt die Nummerierung 11.3.3-2 folgende Information: Dieses Arbeitsblatt ist vorgesehen zum Einsatz in Kapitel 11, Lernziel 3, Lernschritt 3. Innerhalb dieses Lernschrittes ist es das 2. Arbeitsblatt, das angeboten wird. Es gibt zu diesem Lernschritt also noch ein Arbeitsblatt, nämlich 11.3.3-1, das einfacher zu bearbeiten ist.

Die Arbeitsblätter sind in erster Linie zur Übung und Vertiefung auf der zeichnerischen Ebene oder als Lernzielkontrolle gedacht. Neue Lernschritte werden in der Regel zunächst mit konkretem Material erarbeitet. Manchmal ist dann eine Übertragung auf die zeichnerische (zweidimensionale) Ebene nicht möglich oder nicht sinnvoll, entsprechend sind zu diesen Lernschritten auch keine Arbeitsblätter vorhanden.

Die Arbeitsblätter sind als Beispiele gedacht, die nur einige Möglichkeiten aufzeigen, wie die Inhalte eines Lernschritts geübt und vertieft werden können. Je nach Schülerschaft ist die Lehrkraft gefordert, selbst erstellte Arbeitsblätter zwischenzuschalten oder Aufgaben aus mehreren Arbeitsblättern zusammenzufassen. Auch kann es angezeigt sein, die vorhandenen Arbeitsblätter – soweit möglich – anhand der Vorlagen auf der CD zu editieren, indem sie z. B. vergrößert, verkleinert oder nur ausschnittweise genutzt werden.

Da die Schüler in der Regel noch nicht lesen können, sind die schriftlichen Hinweise auf den Arbeitsblättern so formuliert, dass die Lehrkraft sie als mögliche Anweisung an die Schüler nutzen kann. Je nach Schülerschaft wird es notwendig sein, diese Formulierung durch eigene Wortwahl und Erklärungen zu ersetzen. Zum besseren Aufgabenverständnis können die Arbeitsblätter mittels Präsentationsmedien zunächst gemeinsam mit der gesamten Lerngruppe gelöst werden. Nachdem dann jeder Schüler sein Arbeitsblatt bearbeitet hat, können die Folien zur Selbstkontrolle eingesetzt werden.

Zalo Zifferli, das kleine Würfelmännchen, finden Sie auf jedem Arbeitsblatt. Es dient den Schülern als Leitfigur. Oftmals weist es mit seinen Gesten oder Aktionen auf Schwierigkeiten im Arbeitsblatt hin oder es gibt Lösungshilfen.

Das Schriftbild der Zahlen in den Arbeitsblättern entspricht der für die Grundschule der meisten Bundesländer vorgeschriebenen Schreibweise.
Bei der Rechtschreibung wurde der Stand der Reform im Erscheinungsjahr zugrunde gelegt.

11 Einführung der Zahlen (l bis 6)

Liebe geduldige Kollegen!

Das lange Warten hat ein Ende! Endlich werden die Zahlen eingeführt! Doch gemach ... Zunächst einmal gehen die Punktmengen in Serie. Das heißt, wir ordnen sie nach ihrer Anzahligkeit: Nach einer Menge mit zwei Punkten kommt eine Menge mit drei Punkten, eine mit vier usw. Danach hat dieses umständliche Hantieren mit Punktmengen aber wirklich ein Ende. Wir ersetzen die Punktmengen Schritt für Schritt durch Zahlen. Für die Zahlen von 1 bis 6 lernen die Schüler die Zahlwörter und die Zahlzeichen. Danach wird der Umgang mit den Zahlen geübt: Mengen werden abgezählt und hergestellt.

Mit abgezählten Grüßen,
Euer Zalo Zifferli

Lernziel	Lernschritte	Didaktisch-methodische Hinweise	Beispiele für den Unterricht / *Medien*
11.1 **Die Schüler sollen Mengen nach Mächtigkeit ordnen (Seriation)**	**11.1.1** **Mengen durch Hinzufügen oder Wegnehmen von Elementen vorgegebenen Klassen angleichen**	Bei den Übungen zum Lernziel 11.1 werden Mengen mit einer Mächtigkeit bis zu 6 Elementen verwendet. Zunächst sollten aber alle Lernschritte mit 4er-Mengen durchgeführt werden. Erst wenn die Schüler diese Übungen beherrschen, wird mit 5er- und 6er-Mengen gearbeitet. Hier werden erstmals Mengen durch Hinzufügen oder Wegnehmen von Elementen <u>verändert</u>. Bisher haben die Schüler nur Mächtigkeitsvergleiche durchgeführt oder Mengen nachgebildet. Eine Menge wird durch ihre Mächtigkeit eindeutig klassifiziert. Diese Eigenschaft lässt sich jedoch durch Wegnehmen oder Hinzufügen von Elementen verändern. In den vorangegangenen Lernschritten haben die Schüler die Mächtigkeit einer Menge eher als statisches Element erfahren, jetzt lernen sie, diese Eigenschaften zu handhaben und zu variieren. Zunächst sollte mit Mengen gearbeitet werden, die flächig angeordnet sind, weil sie überschaubarer sind als z. B. Mengen in Beuteln.	Im Lernschritt 10.1.3 wurden Mengen geordnet (= klassifiziert); vgl. das Beispiel mit den Eisenbahnwaggons im Band 2 auf Seite 54. Jetzt ist diese Ordnung durcheinandergeraten. Es hängen z. B. an der '3er-Lokomotive' Anhänger, die nicht mit drei Klötzchen beladen sind. „Zalo, der Rangierer, hat geschlafen. Wie können wir diesen Fehler berichtigen?“  Die Schüler haben zwei Möglichkeiten, die gewünschte Ordnung wiederherzustellen: Entweder hängen sie den Wagen an den richtigen Zug oder sie verändern die Anzahl der Klötzchen auf dem Wagen durch Hinzufügen bzw. Wegnehmen von Elementen. Da hier das Angleichen an eine vorgegebene Zahleigenschaft trainiert wird, sollte die Aufgabe aber durch Hinzufügen oder Wegnehmen eines Elementes gelöst werden. Um ein *Sortierkarussell (-> Lehrmittelhandel)* sitzen bis zu sechs Schüler. Jeder hat ein Kärtchen mit einer Punktmenge (Mengen 1 bis 6) und ein Schälchen mit Muggelsteinen bekommen. In den Fächern des Karussells liegen bis zu 6 *Muggelsteine.* Aufgabe eines Schülers ist es, in dem Fach, das vor ihm steht, die Anzahl der Muggelsteine durch Hinzufügen oder Wegnehmen der Anzahl der Punkte auf seinem Kärtchen anzugleichen. Durch Weiterdrehen des Karussells ergibt sich für den nächsten Schüler eine neue Aufgabenstellung. Die nicht agierenden Schüler beobachten und kontrollieren die

Lernziel	Lernschritte	Didaktisch-methodische Hinweise	Beispiele für den Unterricht / *Medien*
→ 11.1 **Die Schüler sollen Mengen nach Mächtigkeit ordnen (Seriation)**	**→ 11.1.1** **Mengen durch Hinzufügen oder Wegnehmen von Elementen vorgegebenen Klassen angleichen**	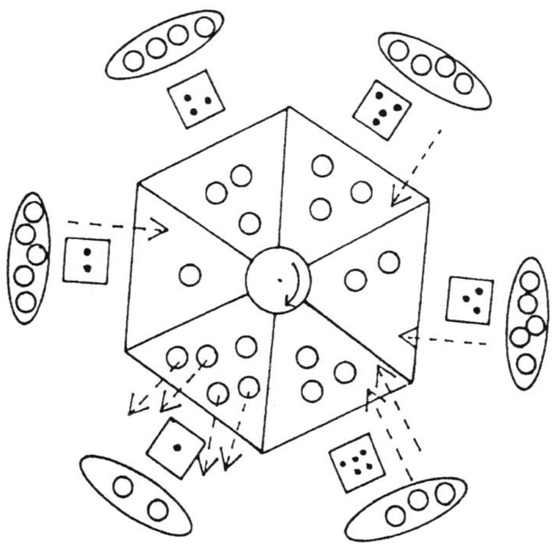 Sortierkarussell	Mengenoperation. Nach einem Umlauf werden die Kärtchen getauscht. Es ist auch möglich, dass alle Schüler gleichzeitig die Mengen ihrem Kärtchen angleichen. CD Spiel 1: Mache gleich!
	11.1.2 **Durch Hinzufügen oder Wegnehmen eines Elementes Nachbarklassen bilden**	Bilden von Nachbarklassen, indem zu einer Menge ein weiteres Element hinzugefügt wird.	CD Spiel 2: Gute Nachbarschaft Spielerische Übung: An eine lange *Tischreihe* werden *8 bis 10 Stühle* gestellt. Auf jedem Platz liegt an einer gekennzeichneten Stelle ein Muggelstein. 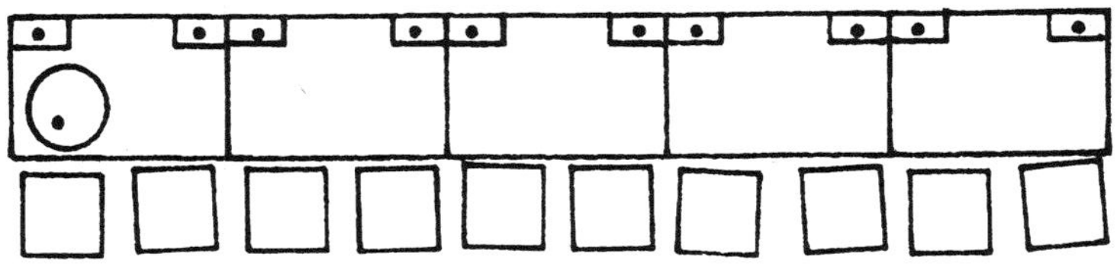

Lernziel	Lernschritte	Didaktisch-methodische Hinweise	Beispiele für den Unterricht / *Medien*
→ 11.1 **Die Schüler sollen Mengen nach Mächtigkeit ordnen (Seriation)**	→ 11.1.2 **Durch Hinzufügen oder Wegnehmen eines Elementes Nachbarklassen bilden**	Die nebenstehende Übung soll den Schülern folgende Einsicht vermitteln: Wenn ich zu meiner Menge ein Element hinzufüge, ergibt sich immer die gleiche Nachbarmenge, gleichgültig an welchem Platz wir mit der Übung beginnen. Durch den Tausch der Mengenkärtchen wird deutlich, dass die Übung nicht personenbezogen ist, sondern sich nur auf die Nachbarmengen bezieht.	6 Schüler erhalten je ein *Mengenkärtchen* mit den Punktmengen von 1 bis 6. Die Lehrkraft stellt auf den Tisch ganz links ein Tablett, auf dem ein Muggelstein liegt. Der Schüler, der das entsprechende Mengenkärtchen hat, setzt sich auf diesen Platz und legt sein Mengenkärtchen vor sich auf den Tisch. Dann nimmt er von seinem Tisch den Muggelstein und legt ihn auf das Tablett. Nun passt die Menge auf dem Tablett nicht mehr zu seinem Mengenkärtchen, also schiebt er das Tablett auf den Nachbarplatz. Dorthin setzt sich der Schüler, der das Kärtchen mit der Punktmenge 2 erhalten hat. Er legt sein Kärtchen auf den Tisch, gibt einen weiteren Stein auf das Tablett und schiebt es weiter. So wird verfahren, bis alle Schüler am Tisch sitzen. Für die 7er-Menge, die jetzt auf dem Tablett liegt, ist kein Kärtchen mehr da; den Schülern wird jedoch deutlich, dass das Spiel beliebig fortgesetzt werden könnte. Das Spiel wird mehrfach wiederholt; dabei kann auch an einem anderen Platz begonnen werden. Nach einigen Spieldurchgängen tauschen die Schüler ihre Mengenkärtchen.
		Bilden von Nachbarklassen, indem von einer Menge ein Element weggenommen wird. Diese Variante der Übung soll den Schülern die Einsicht vermitteln: Auch wenn ich von meiner Menge ein Element wegnehme, kommt stets ein Schüler mit der gleichen Nachbarmenge zu mir. Ich habe zwei Nachbarn; den einen erreiche ich, wenn ich zu meiner Menge einen Stein hinzufüge, den anderen, indem ich einen Stein wegnehme.	Variation I: Die Regeln für die o. a. Übung werden etwas abgewandelt: Nun liegen auf dem Tablett zunächst 6 Muggelsteine. Der Schüler mit dem entsprechenden Mengenkärtchen setzt sich auf diesen Platz. Er legt sein Kärtchen ab, nimmt einen Stein vom Tablett und schiebt es weiter. So werden die Nachbarklassen bis zur Menge 1 hergestellt.

Lernziel	Lernschritte	Didaktisch-methodische Hinweise	Beispiele für den Unterricht / *Medien*
➜ 11.1 **Die Schüler sollen Mengen nach Mächtigkeit ordnen (Seriation)**	➜ 11.1.2 **Durch Hinzufügen oder Wegnehmen eines Elementes Nachbarklassen bilden**	Aufbauen von Nachbarklassen durch wahlweises Hinzufügen oder Wegnehmen eines Elementes.	Variation II: In einem weiteren Schritt kann das Spiel so abgewandelt werden, dass auf dem Tablett mit einer beliebigen Menge von 1 bis 6 begonnen wird. Die Schüler können wählen, ob sie einen Stein hinzufügen oder wegnehmen wollen; entsprechend wird das Tablett dann zum rechten oder linken Nachbarplatz weitergeschoben. Das Tablett wandert so lange in der Reihe auf und ab, bis alle 6 Schüler ihren Platz gefunden haben. *Mengenkärtchen* mit den Punktmengen von 1 bis 6 werden an die Schüler verteilt. Ein Schüler legt sein Kärtchen offen auf den Tisch. Die anderen Schüler schauen nach, ob sie dazu eine Nachbarmenge haben und legen die entsprechenden Kärtchen rechts und links daneben. Sofern den Schülern diese Übung noch Schwierigkeiten bereitet, wird die ausgelegte Menge zusätzlich mit Muggelsteinen nachgelegt, konkret ein Stein hinzugefügt bzw. weggenommen und dann erneut nach dem Nachbarn gesucht. Nach einigen Durchgängen kann dieses Spiel auch von zwei Mannschaften im Wettbewerb gespielt werden. Dazu erhalten die Gruppen farblich unterschiedliche Mengenkärtchen.

Lernziel	Lernschritte	Didaktisch-methodische Hinweise	Beispiele für den Unterricht / *Medien*
➔ 11.1 **Die Schüler sollen Mengen nach Mächtigkeit ordnen (Seriation)**	**11.1.3** **Mengen nach der Anzahl ihrer Elemente ordnen**	Nachdem die Schüler Mengen, die sich in ihrer Mächtigkeit nur um ein Element unterscheiden, als Nachbarmengen erkannt haben, kommt nun die Gesamtordnung – die Seriation – in den Blick: Alle Mengen lassen sich so ordnen, dass fortlaufend die jeweilige Nachbarmenge nur um ein Element kleiner oder größer ist. Diese Erkenntnis können die Schüler nur gewinnen, indem sie die Mächtigkeit durch fortlaufendes Hinzufügen oder Wegnehmen eines Elementes verändern. Dabei soll ihnen deutlich werden, dass sie eine auf- oder absteigende Folge von Nachbarklassen gebildet haben.	Die *Mengenkärtchen* von 1 bis 6 liegen ungeordnet auf dem Tisch, sie sollen in die richtige Reihenfolge gebracht werden. Dazu ist auf dem Tisch ein Raster vorgegeben, in das die Kärtchen hineingelegt werden sollen.  Als Hilfsmittel zur Ermittlung der Reihenfolge nimmt der Schüler ein *Tablett* und legt einen *Muggelstein* darauf. Zu dieser Menge sucht er sich das passende Mengenkärtchen heraus und legt es in das erste Kästchen des Rasters. Dann fügt er auf dem Tablett einen Muggelstein hinzu und ermittelt so das nächste Mengenkärtchen usw., bis alle 6 Kärtchen in der richtigen Reihenfolge im Raster liegen.
		Dieser Vorgang wird mehrfach wiederholt, bis die Schüler die Reihenfolge sicher herstellen können und Muggelsteine und Tablett nicht mehr als Hilfe benötigen. Durch das häufige Üben und Wiederholen werden die neu gewonnenen Erkenntnisse zu einem abrufbaren Repertoire gefestigt.	Die Reihenfolge kann auch hergestellt werden, indem mit 6 Muggelsteinen auf dem Tablett begonnen wird und der Schüler jeweils einen Stein wegnimmt. CD Spiel 3: Nachbarmengen schnipsen CD Spiel 4: Zalo im Zoo

Lernziel	Lernschritte	Didaktisch-methodische Hinweise	Beispiele für den Unterricht / *Medien*
11.2 **Die Schüler sollen Punktmengen durch Zahlzeichen und Zahlwörter ersetzen**	**11.2.1** **Erfahrung der Verwechslungsmöglichkeiten nicht simultan erfassbarer Punktmengen**	Im vorherigen Lernschritt haben die Schüler Mengen nach Mächtigkeit geordnet. Schon dabei konnten sie die Erfahrung machen, dass bei schnellem Arbeiten die Mengenbilder (Punktmengen) leicht verwechselbar sind. Dies ist besonders dann der Fall, wenn die ersetzten Punktmengen nicht in der vertrauten Würfelanordnung angeboten werden. Von den Schülern werden dann die Mengen, deren Mächtigkeit über 3 hinausgeht, in der Regel nicht mehr simultan erfasst.	Zuerst werden reale Gegenstände *(Kisten mit Obst, Beutel mit Apfelsinen, Netze mit Zitronen oder Nüssen, Netze mit Bällen, Plastiktüten mit Muggelsteinen)* schnell nach Mächtigkeit geordnet; dann wird mit entsprechenden *Abbildungen (Punktmengen)* gearbeitet.  Obststand ungeordnet  Obststand geordnet
		Die Schüler sollen jetzt noch einmal ganz bewusst die Erfahrung machen: „Punktmengen sind leicht verwechselbar.“ Damit wird ihnen die Notwendigkeit deutlich, dass die Punkte durch andere Zeichen ersetzt werden müssen.	Um diese Erfahrung zu provozieren, werden jetzt unter Zeitdruck viele Mengen *(Beutel mit 3, 4, 5 und 6 Elementen;* ggf. auch mehr) klassifiziert, indem sie entsprechend den *Punktmengen* zugeordnet werden. Gearbeitet wird zunächst mit kleinen, runden Gegenständen *(Mandarinen, Nüssen, kleinen Bällen, Muggelsteinen, Murmeln, runden Plättchen),* dann mit *Abbildungen (Punktmengen).*
		Die gestellten Aufgaben (Spiele) müssen anschaulich, überprüfbar und reversibel sein, damit gemachte Fehler verdeutlicht und korrigiert werden können. Die Schüler erkennen bald, dass unter Zeitdruck und bei Mengen größerer Mächtigkeit das Hantieren mit Punktmengen unökonomisch wird. Viele Schüler werden von selbst versuchen, Zahlen als Merkhilfe heranzuziehen. Viele Schüler verfügen bereits über diffuse Zahlenkenntnisse. Umso wichtiger ist jetzt eine systematische Erarbeitung von Zahlenzeichen und Zahlwörtern.	Die Lehrkraft (oder ein Schüler) lässt eine bestimmte Anzahl (bis 6) *Plättchen (Muggelsteine)* auf den Tisch fallen. Die Schüler ordnen diese Menge schnell einer *Abbildung* (z. B. Obststand mit Apfelkisten) zu, indem sie auf die entsprechende Kiste zeigen. Hier kann der Schwierigkeitsgrad gesteigert werden, indem die geworfene Punktmenge nach kurzem Betrachten (= Zeitdruck) verdeckt wird.

Lernziel	Lernschritte	Didaktisch-methodische Hinweise	Beispiele für den Unterricht / *Medien*
➔ 11.2 **Die Schüler sollen Punktmengen durch Zahlzeichen und Zahlwörter ersetzen**	**➔ 11.2.1** **Erfahrung der Verwechslungsmöglichkeiten nicht simultan erfassbarer Punktmengen**	Auch hier wird die Zeit, in der die Mengenbilder optisch präsent bleiben, immer kürzer bemessen. Bei den Schülern soll das Bedürfnis wachsen, die Mengenklassen zu benennen.	Ein Schüler legt auf einem *Tageslichtschreiber* eine Anzahl *Plättchen (Muggelsteine)* aus. Dann wird das Gerät für einen Augenblick eingeschaltet, sodass alle die aufgelegte Menge an der Wand sehen können. Danach sollen die Schüler anhand von *Abbildungen* (Punktmengen) zeigen, welche Menge sie gesehen haben. Zwei Schüler sitzen sich gegenüber. Einer hat *Mengenkärtchen* (Punktmengen) von 1 bis 6 vor sich liegen. Der andere Schüler bekommt 6 Muggelsteine. Er verteilt die Steine beliebig auf beide Hände. Dann öffnet er kurz eine Hand, sodass sein Partner die darin befindlichen Steine sehen kann. Dessen Aufgabe ist es nun, sich die Anzahl der Steine zu merken und das entsprechende Mengenkärtchen herauszusuchen. Gemeinsam wird kontrolliert, ob das richtige Kärtchen gewählt wurde. CD Spiel 5: Punktmengen-Bingo
	11.2.2 **Verbindung von Punktmenge und Zahlzeichen**	Im vorangegangenen Lernschritt ist den Schülern durch „provozierte Schwierigkeiten“ beim Umgang mit Punktmengen die Einsicht für die Notwendigkeit des Gebrauchs von Ziffern / Zahlzeichen nahegebracht worden. In diesem Lernschritt werden die Ziffern 1 bis 6 eingeführt (gesetzt) – sozusagen als Ersatz für die in dieser Anwendung als unpraktisch erkannten Punktmengen. Dabei können keine sachlogischen Erkenntnisprozesse bei den Schülern greifen, da die Ziffern durch Konvention bestimmt sind und die grafische Darstellung von Zahlen die Mächtigkeit einer Menge nicht beschreibt.	„Für diese Punktmenge  setzen wir jetzt dieses 4 Zeichen ein.“

Lernziel	Lernschritte	Didaktisch-methodische Hinweise	Beispiele für den Unterricht / *Medien*
➜ 11.2 **Die Schüler sollen Punktmengen durch Zahlzeichen und Zahlwörter ersetzen**	**➜ 11.2.2** **Verbindung von Punktmenge und Zahlzeichen**	Das Herstellen einer Verbindung zwischen Punktmenge und Zahlzeichen erfolgt schrittweise: Zunächst müssen die Schüler lernen, die eingesetzten Zahlzeichen (optisch) zu unterscheiden. Da davon auszugehen ist, dass viele Schüler (noch) nicht schreiben können, haben sie auch keine Erfahrung im Umgang mit grafischen Zeichen (Buchstaben etc.). Die Einführung der Zahlzeichen ist für die Schüler also etwas völlig Neues. Die Heranführung an diese Zeichen muss sehr behutsam und in kleinsten Schritten erfolgen. Es empfiehlt sich daher, die 6 Zahlzeichen nach und nach einzuführen. So werden immer nur zwei Zahlzeichen vorgestellt und den entsprechenden Punktmengen zugeordnet.	
		Die Zahlen werden in Verbindung mit den Punktmengen großflächig auf Plakaten präsentiert. Auf den Arbeitsblättern sind die Punktmengen wieder linear angeordnet. Es können auch andere, schwerer zu überschauende Anordnungen verwendet werden. Die Plakate werden bei allen nachfolgenden Übungen so aufgehängt, dass stets ein Vergleich zwischen den Vorbildern und anderen Zahlendarstellungen möglich ist. Obwohl die Lehrkraft die Zahlwörter schon verwendet, ist die Benennung hier noch kein Lernziel; es geht zunächst nur um die (visuelle) Unterscheidung der Zeichen und ihre eindeutige Zugehörigkeit zu einer Menge mit einer bestimmten Mächtigkeit. Zahlzeichen und Zahlwörter werden nicht gleichzeitig, sondern nacheinander eingeführt, um die Schüler nicht zum sinnleeren Abzählen anzuleiten.	Die Zahlzeichen werden auf großen *Plakaten* vorgestellt; darunter ist jeweils die entsprechende Punktmenge abgebildet. 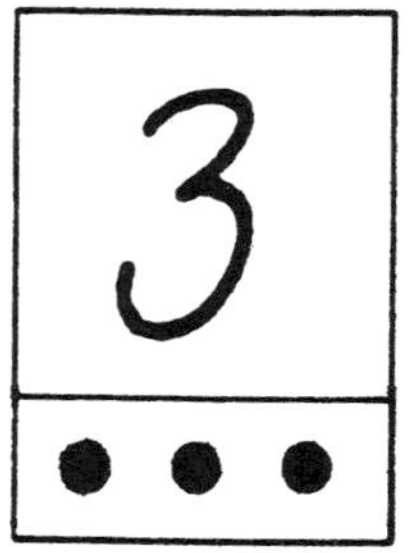

Lernziel	Lernschritte	Didaktisch-methodische Hinweise	Beispiele für den Unterricht / *Medien*
➜ 11.2 **Die Schüler sollen Punktmengen durch Zahlzeichen und Zahlwörter ersetzen**	**➜ 11.2.2** **Verbindung von Punktmenge und Zahlzeichen**	Zur intensiveren Erfassung werden die Zahlzeichen nachgemalt und nachgebildet.	In der Turnhalle werden zwei *Taue* in Form von Zahlen ausgelegt. Die Schüler laufen an diesen Tauen entlang. Weitere Übungsmöglichkeiten: Zahlen als Spuren im Sandkasten, aufgemalt auf dem Schulhof, aufgeklebt auf dem Fußboden der Klasse *(Klebeband).*
		Begonnen wird mit grobmotorischen Erfahrungen einzelner Zahlzeichen. Die Übungen sollten so angelegt sein, dass die Schüler die Spur schließlich mit geschlossenen (verbundenen) Augen nachgehen können (Schüler mit grobmotorischen Schwierigkeiten oder gestörtem Raum-Lage-Empfinden werden diese Übung nur mit Partnerhilfe durchführen können).	Die Umrisse der Zahlzeichen sind auf *Plakatkarton* aufgezeichnet und werden von den Schülern mit *Pinsel* und *Farbe* ausgemalt (möglichst in Schreibrichtung).
		Zum Schreiben der Ziffern siehe Lernschritt [11.2.5]	Zusammensetzen *zerschnittener Ziffern.* Nachbilden der Zahlzeichen mit *Knete* oder *Ton*.
		Je nach Schülerschaft empfiehlt es sich, zunächst nur Zeichen und Namen der Zahlen von 1 bis 4 einzuführen und das Schreiben dieser vier Ziffern zu trainieren. Erst dann werden die Zahlen 5 und 6 hinzugenommen.	
		Taktile Erfahrungen der Zahlzeichen.	Identifizieren (Zuordnen) großer *Zahlzeichen aus Holz oder festem Karton.* Die Zahlen unter einem Tuch ertasten. Zahlzeichen aus *Sandpapier* ertasten. In *Ton* gebrannte Spuren nachfahren und ertasten. Mit dem Finger auf dem Rücken des Partners schreiben.
		Zur optischen Unterscheidung der Zahlzeichen können auch vielfältige Zuordnungs- und Sortierübungen durchgeführt werden.	Übung: „Suche alle Kärtchen heraus, die so [3] aussehen.“ Übung: „Lege alle Kärtchen zusammen, die gleich aussehen.“

Lernziel	Lernschritte	Didaktisch-methodische Hinweise	Beispiele für den Unterricht / *Medien*
→ 11.2 **Die Schüler sollen Punktmengen durch Zahlzeichen und Zahlwörter ersetzen**	**→ 11.2.2** **Verbindung von Punktmenge und Zahlzeichen**	Dann wird durch häufiges Zuordnen eine eindeutige Verbindung zwischen einer Menge mit einer bestimmten Mächtigkeit einerseits und ihrem Zahlzeichen andererseits hergestellt. Die Punktmengen werden grundsätzlich nicht mehr als Würfelmenge dargestellt!	CD Spiel 6: Punkte und Zahlzeichen – Memory CD Spiel 7: Punkte und Zahlzeichen – Lotto CD Spiel 8: Punkte und Zahlzeichen – Puzzle 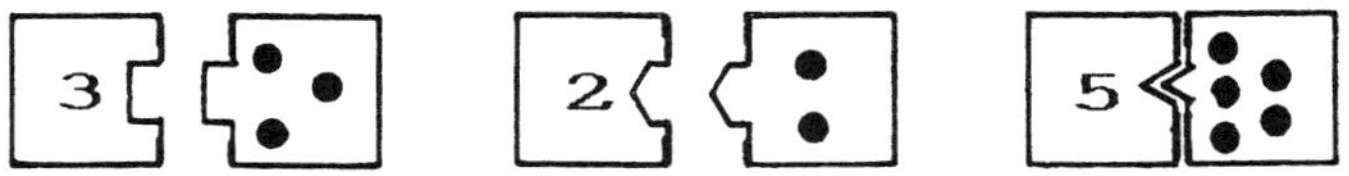 *Kärtchen mit Punktmengen und Kärtchen mit Zahlzeichen* werden einander zugeordnet. Dabei wird immer abwechselnd eine Punktmenge ausgelegt und dann das entsprechende Zahlzeichen zugeordnet (und evtl. umgekehrt). 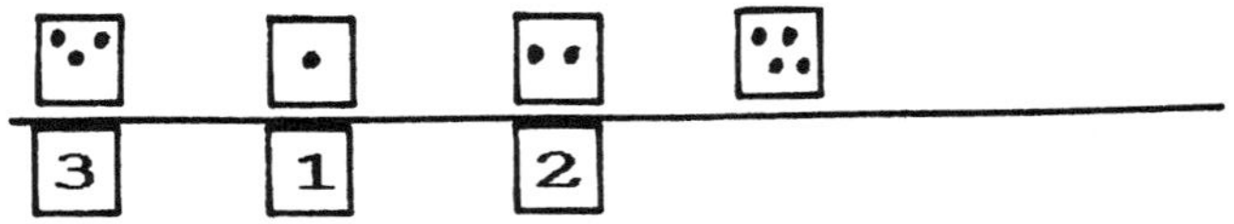 Entsprechende (auch selbst erstellte) *Dominospiele* eignen sich als Zuordnungsübung.  CD Spiel 9: Punkte und Zahlzeichen – Domino

Lernziel	Lernschritte	Didaktisch-methodische Hinweise	Beispiele für den Unterricht / *Medien*
➜ 11.2 **Die Schüler sollen Punktmengen durch Zahlzeichen und Zahlwörter ersetzen**	**➜ 11.2.2** **Verbindung von Punktmenge und Zahlzeichen**	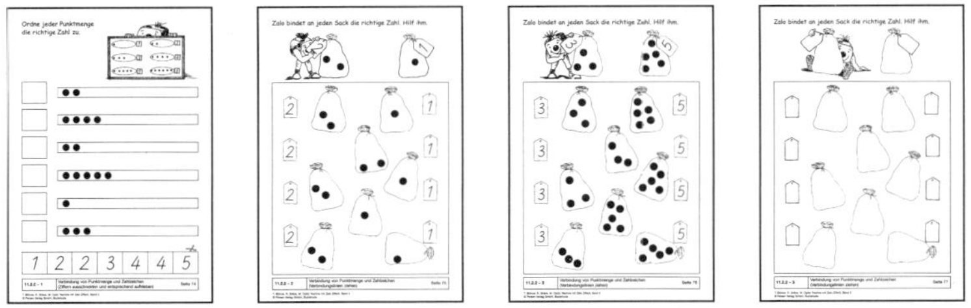	➜ ARBEITSBLATT 11.2.2-1, -2, -3, blanko -4 Diese Zuordnungsübungen können auch in der Turnhalle unter Zuhilfenahme von *Bewegungsmitteln* (Rollbrett, Kettcar, Pedalo, Laufdollies etc.) durchgeführt werden. „Bringe diese Punktmenge zur richtigen Zahl." Spiele mit essbaren Zahlen *(Russisches Brot)*: „Wir essen jetzt die Zahl, die zu dieser Punktmenge gehört." Nachdem die Schüler beim Zuordnen eine erste Sicherheit gewonnen haben, kann mit den *Mengenkärtchen* und *Zahlenkärtchen* auch Memory gespielt werden.
	11.2.3 **Einführung der Zahlwörter**	Auch die Benennung der Zahlen ist durch Konvention festgelegt. Es gibt keinen sachlogischen Zusammenhang zwischen dem Zahlwort, dem Zahlzeichen und der entsprechenden Menge; es ist durch Übereinkunft festgelegt worden, dass diese Menge , der dieses [3] Zahlzeichen zugeordnet wurde, „drei" heißt. Die Schüler müssen also für jedes Zahlzeichen, das sie bisher kennengelernt haben, ein Zahlwort auswendig lernen. Um für die Schüler die Bedeutung der Zahlzeichen zu festigen, werden die Zahlzeichen auch beim Benennen zunächst immer in Kombination mit der entsprechenden Punktmenge dargestellt.	„Diese Menge  mit diesem Zeichen [2] bekommt den Namen Zwei." „Diese Menge  mit diesem Zeichen [5] heißt Fünf." 

Lernziel	Lernschritte	Didaktisch-methodische Hinweise	Beispiele für den Unterricht / *Medien*
→ 11.2 **Die Schüler sollen Punktmengen durch Zahlzeichen und Zahlwörter ersetzen**	**→ 11.2.3** **Einführung der Zahlwörter**	In einem ersten Schritt werden die Zahlzeichen stets von der Lehrkraft benannt. Die Schüler haben die Aufgabe, die benannten Zahlzeichen zu zeigen, herauszusuchen, zu stempeln etc. und nachzusprechen.	Kegelspiel: *Ball* und *Zahlenschilder* von 1 bis 6: „Alle versuchen, das Schild mit der Sechs zu treffen.“ Rollbrettfahren: In der Turnhalle werden die *Zahlenschilder* verteilt: „Wir fahren mit unseren *Rollbrettern* zur Fünf, dann zur Zwei.“ Zahlenwettlauf: *Zahlenschilder* werden in der Turnhalle verteilt. Eine Zahl wird angesagt. Auf Kommando laufen die Schüler dorthin. Jeweils der letzte scheidet aus.
			→ ARBEITSBLATT 11.2.3-1 „Wir suchen die Vier aus dem Zahlensalat heraus.“ „Schlagt in eurem Heft die Seite mit der Drei auf.“ Nach Diktat eine Telefonnummer wählen.
		In einem zweiten Schritt erfolgt die Benennung durch die Schüler, indem die Lehrkraft ein Zahlzeichen zeigt und fragt: „Wie heißt diese Zahl?“	Beim Umgang mit *Zahlenpuzzles, Zahlendominos, Memoryspielen, Kartenspielen (UNO)* (vgl. Beispiele in Lernschritt 11.2.2) werden die Zahlzeichen von den Schülern benannt. Übung: Die Schüler sitzen im Kreis und haben Zahlen umgehängt oder tragen Sporttrikots mit entsprechenden Zahlen. Ein Schüler sagt: „Mein rechter, rechter Platz ist frei, ich wünsche mir die Drei herbei.“ usw. Benennen bekannter Zahlzeichen, die den Schülern in der Umwelt begegnen. (Buslinien, Autokennzeichen, Preisschilder etc.)

Lernziel	Lernschritte	Didaktisch-methodische Hinweise	Beispiele für den Unterricht / *Medien*
→ 11.2 **Die Schüler sollen Punktmengen durch Zahlzeichen und Zahlwörter ersetzen**	**11.2.4** **Benennen der Zahlzeichen von 1 bis 6 und Erlernen der Zahlenfolge 1, 2, 3, 4, 5, 6**	Nachdem die Schüler die Zahlzeichen und danach die Zahlwörter kennengelernt haben, folgen jetzt vertiefende Übungen zur Kombination beider Dinge; das heißt, es wird jetzt nur trainiert, die Zahlzeichen sicher zu benennen. Weitergehende Übungen zur Erarbeitung des Zahlenbegriffs folgen erst in den nächsten Lernschritten. Sinnvolle Abzählübungen oder selbstständiges Zuordnen des Zahlwortes zu einer Menge sind daher jetzt noch nicht möglich. Diese Vorgehensweise wurde zur Isolierung von Schwierigkeiten gewählt. Das Auswendiglernen der Zahlenfolge soll erst in diesem Stadium der Zahlenbegriffsbildung erfolgen, um die ausschließlich schematische Verwendung der Zahlenfolge zu vermeiden. Das Auswendiglernen dient hier der Festigung der im Rahmen der Klassifikation und Seriation erarbeiteten Erkenntnisse. Die Schüler sollen die Abfolge der Zahlen von 1 bis 6 auswendig lernen. In der Regel bringen die Schüler hierbei schon Vorerfahrungen mit. Viele können die Zahlenabfolge bis 10 (und darüber hinaus) aufsagen. Trotzdem empfiehlt es sich, bei den nachfolgenden Lernschritten zunächst im Zahlenraum bis 6 (ggf. zuerst nur im Zahlenraum bis 4) zu verweilen, um den Zahlenbegriff sicher zu erarbeiten. 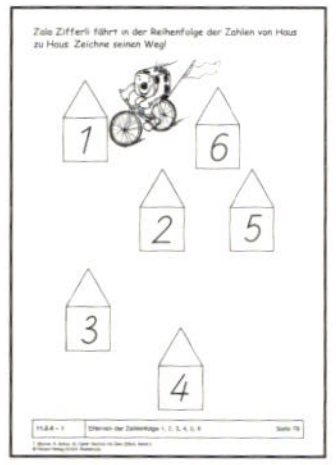  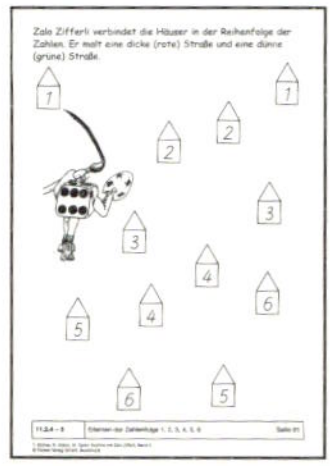	CD Spiel 10: Zahlenwürfeln Benötigt werden ein *Zahlenwürfel* mit Ziffern von 1 bis 6 und für jeden Mitspieler ein Satz *Zahlenkärtchen* von 1 bis 6. Sämtliche Zahlenkärtchen werden offen in der Mitte auf den Tisch gelegt. Die Schüler würfeln reihum. Die gewürfelte Zahl wird benannt und das entsprechende Zahlenkärtchen herausgesucht. Die Kärtchen legen die Schüler offen vor sich hin. Jede Zahl darf nur einmal genommen werden. Wer zuerst alle Zahlen von 1 bis 6 vor sich liegen hat, ist Sieger. Übungen und Lieder zum Auf- und Abbau der Zahlenfolge, die durch Gesten, kleine Rollenspiele der Schüler oder durch den Einsatz von *Fingerpuppen* etc. begleitet werden. *Kinderreime:* z. B.: „Eins und zwei und drei und vier, alle Kinder sind schon hier." „Eins, zwei, drei, vier, fünf, sechs, sieben, wo bist du so lang' geblieben?" *Abzählverse* bei Kreisspielen etc. *Lied:* „Sechs kleine Kinderlein" → ARBEITSBLATT 11.2.4-1, -2, -3

Lernziel	Lernschritte	Didaktisch-methodische Hinweise	Beispiele für den Unterricht / *Medien*
➜ 11.2 **Die Schüler sollen Punktmengen durch Zahlzeichen und Zahlwörter ersetzen**	**[11.2.5]** **Schreiben der Zahlzeichen**	Nachdem die Schüler die Zahlzeichen (von 1 bis 6) benennen können, sollen sie jetzt üben, diese auch zu schreiben. Zur Einübung dieser feinmotorischen Fertigkeit wird in folgenden Schritten vorgegangen:	
		- Übungen mit Zahlen aus Holz oder anderem Material zur intensiven visuellen (Raum-Lage-Orientierung) und taktilen Wahrnehmung der Zahlzeichen. Um ein seitenverkehrtes Legen der Zahlen zu vermeiden, sollte das Material eine andersfarbige Rückseite und eine gekennzeichnete Standlinie haben.	Übungen mit *Zahlzeichen aus Holz:* „Wir suchen die Vier heraus und legen sie vor uns hin." „Wir legen unter jede Punktmenge die richtige Zahl."
		- Übungen mit Zahlenstempeln - grobmotorisches Erfahren der Zahlzeichen (vgl. hierzu Lernschritt 11.2.2 auf Seite 23)	- Übungen mit Zahlenstempeln Die Lehrkraft zeigt eine Punktmenge oder sagt eine Zahl. Die Schüler stempeln die entsprechende Zahl in vorgezeichnete Kästchen oder auf vorgegebene Linien.
		- Nachfahren der Zahlzeichen mit den Fingerspitzen.	Die Zahlzeichen werden aus *Sandpapier* oder *Fellresten* ausgeschnitten und auf festen Karton geklebt. Die Schüler fahren die Zahlen mit den Fingern in Schreibrichtung nach. Diese Tastkarten werden nach und nach in immer kleinerem Format angeboten (zunächst DIN A4, dann DIN A5, dann DIN A6 und schließlich DIN A7).
		Sensomotorische und feinmotorische Störungen erschweren bei vielen Schülern das Schreiben der Zahlzeichen; einige werden trotz differenzierten Vorgehens und intensiven Übens nicht zu lesbaren Zahlendarstellungen kommen. Es muss jeweils individuell entschieden werden, ob es sinnvoll ist, diesen Lernschritt mit dem Schüler durchzuführen. Ggf. wird auf Zahlenstempel zurückgegriffen oder ganz auf das selbstständige Darstellen von Zahlzeichen verzichtet. Das Schreiben der Zahlzeichen ist für die nachfolgenden Lernschritte keine Voraussetzung.	

Lernziel	Lernschritte	Didaktisch-methodische Hinweise	Beispiele für den Unterricht / *Medien*
➔ 11.2 **Die Schüler sollen Punktmengen durch Zahlzeichen und Zahlwörter ersetzen**	**➔ [11.2.5]** **Schreiben der Zahlzeichen**	Als Hilfestellung beim Zahlenschreiben wird der Schreibablauf versprachlicht. Mit knappen Worten wird die Bewegungsrichtung oder die Gestalt des gerade zu schreibenden Teils der Zahl benannt. Dieses handlungsbegleitende Sprechen wird schon beim Abtasten der Zahlzeichen eingeübt. Der Umgang mit Ziffernrollbahnen (-> Lehrmittelhandel) ermöglicht ein mehrsinniges Erfahren des Schreibweges der Ziffern. Ein weiteres Hilfsmittel sind Negativschablonen der Zahlen, die es den Schülern ermöglichen, durch einfaches Nachfahren mit einem Stift entlang der Öffnungen die Zeichen korrekt zu 'schreiben'. Geübt werden soll hierbei, an der richtigen Stelle zu beginnen und die Schreibrichtung einzuhalten.	Der Tastvorgang wird sprachlich begleitet: 1 „auf-ab“ 2 „Bügel-Strich“ 3 „Bauch-Bauch“ 4 „Haken-Strich“ 5 „Strich-Bauch-Fähnchen“ 6 „Bogen-zu“ Einsatz von *Ziffernrollbahnen*, in denen eine rollende Kugel genau den Schreibweg der jeweiligen Ziffer durchrollt. *Negativschablonen aus Holz* mit einem Stift (Filzschreiber, Schreinerbleistift etc.) nachfahren. 

Lernziel	Lernschritte	Didaktisch-methodische Hinweise	Beispiele für den Unterricht / *Medien*
➜ 11.2 **Die Schüler sollen Punktmengen durch Zahlzeichen und Zahlwörter ersetzen**	**➜ [11.2.5]** **Schreiben der Zahlzeichen**	Schließlich zeichnen die Schüler vorgezeichnete Zahlzeichen mit einem Stift nach; dabei wird handlungsbegleitend gesprochen (s. o.). Es ist hier besonders darauf zu achten, dass die Zahlzeichen nicht 'ausgemalt', sondern immer wieder in Schreibrichtung nachgezogen werden. 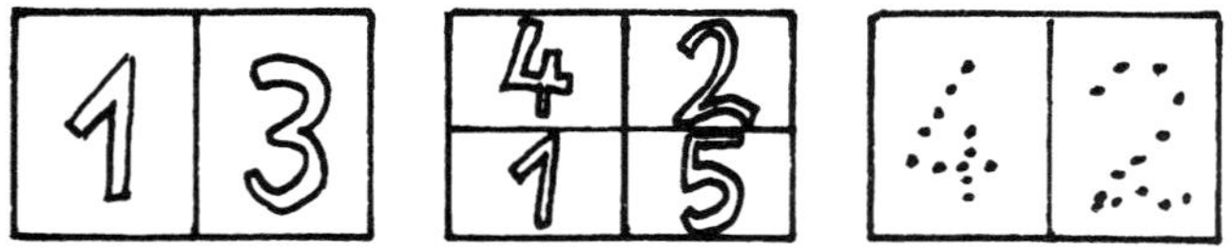 - großflächiges Abschreiben der Zahlzeichen Jetzt üben die Schüler, die Zahlzeichen selbstständig zu schreiben. Dabei stehen ihnen folgende Hilfen zur Verfügung: eine ebenfalls großflächige Vorlage, handlungsbegleitendes Sprechen (s. o.) und ggf. Handführung durch die Lehrkraft. - kleinformatiges Abschreiben der Zahlzeichen Mit zunehmender Übung (Training der Feinmotorik) gelingt es vielen Schülern, die Zahlzeichen auch kleinformatiger abzuschreiben. - Schreiben der Zahlzeichen nach Diktat Jetzt werden nur noch die Zahlwörter vorgegeben und die Schüler schreiben die entsprechenden Zahlzeichen.	*Arbeitsblätter* mit zunächst großflächigen Zahlzeichen, die von den Schülern nachgefahren werden. Als Schreibgeräte eignen sich besonders mit *Farbe gefüllte Deoroller, Wachsmalstifte, dicke Buntstifte* oder *Schreinerbleistifte.* CD ➜ ARBEITSBLATT 11.2.5-1a bis -6c Dann werden die Zahlzeichen in kleinerem Format angeboten und schließlich nur noch als Punktlinien vorgegeben. Die Schüler schreiben Zahlzeichen nach *Vorlage* - mit einem kurzen Stock in den Sand, in lockere Erde oder in ausgerollten Ton, - mit *Straßenkreide* oder *Kohle* auf Asphalt, - mit *Kreide* an die *Tafel,* - mit *Fingerfarbe* und *Pinsel* oder *Windowcolor* an Fensterscheiben und Kachelwände, - mit *Wachsmalstiften* auf *Tapete.* Die Schüler schreiben Zahlzeichen nach *Vorlage* mit einem Stift in vorgezeichnete Kästchen; später in *Rechenhefte (mit Lineatur für das l. Schuljahr).* Übung: Eine Zahl wird angesagt. Ein Schüler schreibt diese Zahl auf den Anfang eines Papierstreifens. Der Streifen wird umgeknickt, sodass die Zahl nicht mehr sichtbar ist. Der nächste Schüler schreibt die Zahl ebenfalls auf den Streifen und knickt erneut um. Wenn alle an der Reihe waren, wird der Streifen wieder auseinandergefaltet und nachgeschaut, ob alle die gleiche Zahl geschrieben haben.

Lernziel	Lernschritte	Didaktisch-methodische Hinweise	Beispiele für den Unterricht / *Medien*
➜ 11.2 **Die Schüler sollen Punktmengen durch Zahlzeichen und Zahlwörter ersetzen**	**11.2.6** **Den simultan erfassbaren Mengen Zahlzeichen und Zahlwörter zuordnen**	Die Schüler können erfahrungsgemäß Mengen mit einer Mächtigkeit von zwei bis drei Elementen simultan erfassen. Diesen Mengen, die mit einem Blick überschaubar sind, werden jetzt die Zahlen zugeordnet. Dabei wird in folgenden Schritten vorgegangen: - Die Menge (konkrete Dinge, oder eine Punktmenge) wird vorgegeben. Die Schüler suchen das entsprechende Zahlzeichen aus einer Auswahl heraus und benennen es. - Das Zahlzeichen wird vorgegeben. Die Schüler benennen das Zahlzeichen und suchen aus einer vorgegebenen Auswahl die richtige Punktmenge heraus. - Das Zahlwort wird vorgegeben. Die Schüler suchen aus einem entsprechenden Angebot das Zahlzeichen und die Punktmenge heraus. Bei den Übungen ist zu beachten, dass stets mit <u>vorgegebenen</u> Mengen gearbeitet wird, denen die entsprechenden Zahlzeichen zugeordnet werden. Das selbstständige Abzählen und Herstellen von Mengen wird erst im Lernziel 11.3 geübt.	Neben Übungen mit *Punktmengenkärtchen* und *Zahlzeichenkärtchen*, die einander zugeordnet werden, soll das Zuordnen und Benennen stets auch an Beispielen aus der Umwelt geübt werden: Es wird nach der Anzahl bestimmter Gegenstände gefragt. Die Schüler beantworten die Frage, indem sie die Zahl nennen und/oder auf das entsprechende Zahlzeichen zeigen, es stempeln [oder aufschreiben]. Kärtchen, auf denen Mengen abgebildet sind, werden entsprechende Ziffernkärtchen zugeordnet. Folgende Gegenstände aus der Umwelt der Schüler eignen sich z. B. für die Abbildungen auf den Kärtchen: für die Menge 1 - Körperteile wie Mund oder Nase, - Rad an der Schubkarre für die Menge 2 - Körperteile wie Augen, Ohren, Arme, Beine, - Räder am Fahrrad oder am Roller, - paarweise vorkommende Bekleidung wie Schuhe, Strümpfe, Handschuhe, für die Menge 3 - Räder am Dreirad, - Kleeblatt.

Lernziel	Lernschritte	Didaktisch-methodische Hinweise	Beispiele für den Unterricht / *Medien*
➜ 11.2 **Die Schüler sollen Punktmengen durch Zahlzeichen und Zahlwörter ersetzen**	**11.2.7** **Den Mengen mit 4, 5 oder 6 Elementen Zahlzeichen und Zahlwörter zuordnen**	Zu den Mengen mit 1, 2 oder 3 Elementen werden jetzt die in der Regel nicht mehr simultan erfassbaren Mengen mit 4, 5 und 6 Elementen hinzugenommen. Die folgenden Übungen beziehen sich also auf Mengen mit 1 bis 6 Elementen. Es wird wieder schrittweise vorgegangen, ähnlich wie in Lernschritt 11.2.6: - Die Menge (konkrete Dinge oder eine Punktmenge) wird vorgegeben. Die Schüler suchen das entsprechende Zahlzeichen aus einer Auswahl heraus und benennen es. - Das Zahlzeichen wird vorgegeben. Die Schüler benennen das Zahlzeichen und suchen aus einer vorgegebenen Auswahl die entsprechende Punktmenge heraus. - Das Zahlwort wird vorgegeben. Die Schüler suchen aus einem entsprechenden Angebot das Zahlzeichen und die Punktmenge heraus. Spätestens in diesem Lernschritt werden einige Schüler auf die Idee kommen, die Mengen mithilfe ihrer Finger darzustellen. Die Finger sind als Zählhilfe und als Merkhilfe für die Mächtigkeit einer zuvor gezählten Menge ein anschauliches, stets verfügbares Instrument und sollten – wenn nötig – entsprechend genutzt werden. Voraussetzung für den sachgerechten Einsatz der Finger sind aber die im nachfolgenden Lernziel 11.3 angestrebten Fähigkeiten. Jetzt sollten die Finger noch nicht als Zählhilfe benutzt werden. Möglich ist es allerdings, mit beliebigen Fingern einer Hand eine Menge darzustellen und diese dann zu benennen.	„Welches Zahlenkärtchen passt zu dieser Menge?" (Zur Kontrolle sind auf der Rückseite der Zahlenkärtchen die entsprechenden Punktmengen dargestellt.) 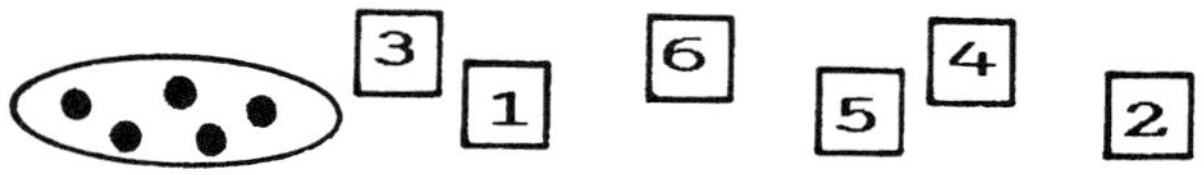 Vorgegebene Mengen aus der Umwelt der Schüler mit 4, 5 oder 6 Elementen können zum Beispiel sein: für die Menge 4 - Beine des Stuhls oder Tisches, - Beine der Tiere (Hund, Katze, Pferd etc.), - Räder am Auto, - Kerzen am Adventskranz. für die Menge 5 - Finger einer Hand, - Kastanienblatt. für die Menge 6 - Eier im Eierkarton, - Räder am Lastwagen. - Seiten eines Würfels. Übungen mit den Fingern: „Welche Zahl gehört zu diesen Fingerbildern?" „Stelle selbst eine Zahl dar!" 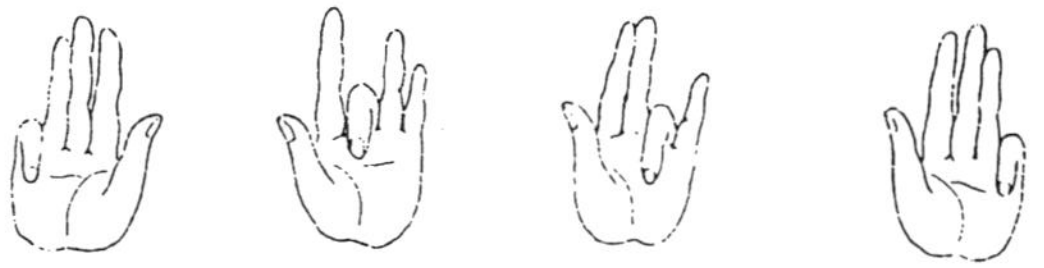  ➜ ARBEITSBLATT 11.2.7-1

Lernziel	Lernschritte	Didaktisch-methodische Hinweise	Beispiele für den Unterricht / *Medien*
11.3 **Die Schüler sollen die Zahleneigenschaften von Mengen mit bis zu 6 Elementen bestimmen (Abzählen)**	**11.3.1** **Abzählen durch schrittweises, konkretes Umordnen der Elemente einer Menge**	Voraussetzung, um mit dem Lernziel 11.3 beginnen zu können, ist es, dass die Schüler die Zahlwörter und die Abfolge der Zahlen von 1 bis 6 sicher beherrschen. In diesem Schritt sollen die Schüler die Mächtigkeit einer vorgegebenen Menge ermitteln, indem sie die Elemente zählen. Es muss sehr darauf geachtet werden, dass ein sinnvolles Abzählen stattfindet. Das heißt, im Blick ist immer die Mächtigkeit der schon abgezählten Teilmenge, nicht die Rangfolge in der Zahlenreihe. Ein sinnleeres Aufsagen der Zahlenfolge ohne eindeutige Zuordnung zur Mächtigkeit der Menge muss unbedingt vermieden werden. Die zu ermittelnde Menge wird anfänglich immer konkret umgeordnet, indem die bereits gezählten Elemente in die Abbildung eines Tellers o. a. geschoben werden. Auf dem Teller werden die Elemente zur besseren Übersicht linear angeordnet. Eine weitere Hilfe ist es, wenn beim Abzählen gesagt wird: „Jetzt sind hier 3 Muggelsteine. Jetzt sind hier ...“ usw. Das Material, das abgezählt wird, sollte gut zu handhaben sein und – als Hinführung zu zeichnerischen Mengendarstellungen – in Aussehen und Größe den bekannten Punktmengendarstellungen entsprechen.	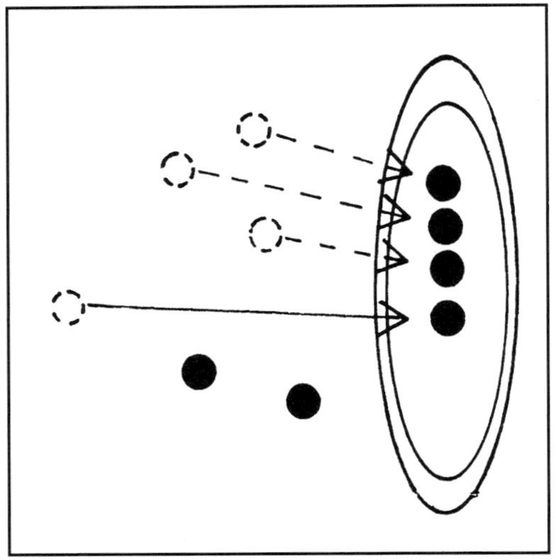 „Jetzt sind hier 4 Muggelsteine“ Zum Abzählen ist strukturiertes Material *(Muggelsteine, Knöpfe, Cent, Kronkorken, Streichholzschachteln, Plättchen,* etc.) besonders geeignet. Die räumliche Abgrenzung kann durch Sets oder ein farbiges Blatt Papier erfolgen. Zur Veranschaulichung kann der Umordnungs-(Zähl-)vorgang in eine Geschichte gekleidet werden: „Die Fahrräder werden einzeln in den Keller gebracht. Wir zählen: Jetzt ist ein Fahrrad im Keller, jetzt sind zwei Fahrräder im Keller, ...“

Lernziel	Lernschritte	Didaktisch-methodische Hinweise	Beispiele für den Unterricht / *Medien*
→ 11.3 **Die Schüler sollen die Zahleneigenschaften von Mengen mit bis zu 6 Elementen bestimmen (Abzählen)**	**→ 11.3.1** **Abzählen durch schrittweises, konkretes Umordnen der Elemente einer Menge**	Später werden die gezählten Gegenstände nicht mehr linear in einem Mal (Teller etc.) angeordnet. Es reicht, die bereits abgezählten Gegenstände durch seitliches Verschieben kenntlich zu machen.	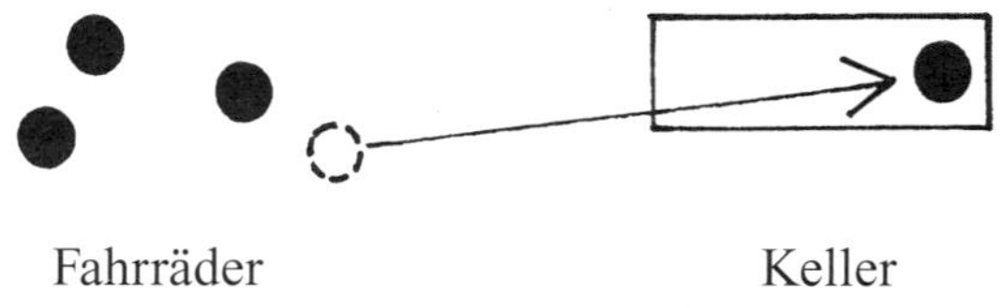 Die Schüler tragen Stühle in den Stuhlkreis. „Jetzt ist ein Stuhl im Kreis, jetzt sind zwei Stühle im Kreis, ...“
	11.3.2 **Abzählendes Herstellen einer Menge mit vorgegebener Zahleigenschaft durch konkretes Umordnen der Elemente.**	Jetzt wird eine Zahl gezeigt oder genannt. Hierzu soll die entsprechende Menge (Plättchen, Muggelsteine etc.) hergestellt werden, indem so lange immer ein Gegenstand aus dem Vorrat genommen wird, bis die vorgegebene Mächtigkeit erreicht ist. Die Schüler sollen dazu wieder laut zählen, indem sie synchron stets ein Plättchen aus dem Vorrat holen, es ablegen und dann z. B. sprechen: „... Jetzt liegen hier zwei Plättchen. Jetzt liegen hier drei Plättchen ...,“ Anfangs kann die hergestellte Menge wieder auf einem Teller oder Tablett (linear) angeordnet werden. Dann kann der Teller durch eine farbige Unterlage (Pappstreifen) ersetzt werden und schließlich ganz wegfallen. [Später kann dann auch die simultane Mengenkontrolle wegfallen, indem die Plättchen (Münzen) z. B. übereinandergestapelt werden.] Im Tagesablauf bieten sich vielfältige Möglichkeiten, das abzählende Herstellen einer Menge immer wieder zu üben.	„Wir brauchen vier Plättchen. Nimm dir so oft ein Plättchen, bis vier hier liegen.“  „Wir brauchen fünf Plättchen. Nimm dir so oft ein Plättchen, bis fünf hier liegen.“  Vielfältige Anwendung in Alltagssituationen: Tischdecken: „Wir brauchen fünf Teller.“ Arbeitsanweisung: „Wir brauchen vier Scheren.“ Sportunterricht: „Wir brauchen sechs Bälle.“ Werkunterricht: „Vier Nägel, einen Hammer.“ Textilgestaltung: „Wir fädeln abwechselnd drei rote und vier grüne Perlen auf.“

Lernziel	Lernschritte	Didaktisch-methodische Hinweise	Beispiele für den Unterricht / *Medien*
➔ 11.3 **Die Schüler sollen die Zahleneigenschaften von Mengen mit bis zu 6 Elementen bestimmen (Abzählen)**	**➔ 11.3.2** **Abzählendes Herstellen einer Menge mit vorgegebener Zahleigenschaft durch konkretes Umordnen der Elemente.**	Im Rahmen von Wettspielen kann das abzählende Herstellen einer Menge motivierend geübt werden.	CD Spiel 11: Zahlen suchen
	11.3.3 **Abzählendes Herstellen einer Menge mit vorgegebener Zahleigenschaft durch zeichnerisches Darstellen**	Jetzt wird eine Zahl gezeigt oder genannt. Hierzu soll die entsprechende Menge zeichnerisch hergestellt werden, indem beim Zählen jedes einzelne Element aufgemalt wird. In diesem Lernschritt entfällt beim Zählen erstmals das Hantieren mit konkretem Material. Dieses Zählen auf einer abstrakteren Ebene bereitet vielen Schülern zunächst Schwierigkeiten. Zu deren Bewältigung wird wieder schrittweise vorgegangen:	
		- Übergang von konkretem Material zur Abbildung.	„Zähle fünf *Filzstifte* ab.“ Der Schüler nimmt nacheinander aus einer Schachtel 5 Filzstifte und zählt dabei. Dann werden alle 5 Stifte (ohne Kappe) in eine Hand genommen und auf ein Papier gedrückt. Es entstehen 5 Punkte – für jeden Gegenstand ein Punkt. „Drucke mit den Fingern vier Punkte.“ Jeder Schüler taucht 4 Fingerspitzen in *Fingerfarbe* und druckt sie gleichzeitig auf einem Blatt ab.
		- Mehrfaches Abdrucken eines Stempels zur Herstellung einer Menge.	Dann auf dem gleichen Blatt: „Drucke mit den Fingern wieder vier Punkte; jetzt wollen wir aber nur <u>einen</u> Finger schmutzig machen.“ Die Schüler tauchen eine Fingerspitze in Farbe und drucken sie laut zählend viermal ab.

Lernziel	Lernschritte	Didaktisch-methodische Hinweise	Beispiele für den Unterricht / *Medien*
➜ 11.3 **Die Schüler sollen die Zahleigenschaften von Mengen mit bis zu 6 Elementen bestimmen (Abzählen)**	**➜ 11.3.3** **Abzählendes Herstellen einer Menge mit vorgegebener Zahleigenschaft durch zeichnerisches Darstellen**	- Herstellen einer Menge durch Zeichnen der einzelnen Elemente. Es muss besonders darauf geachtet werden, dass Zeichnen und Sprechen gleichzeitig erfolgen; bei jedem gemalten Punkt wird der aktuelle Zählstand genannt. („Jetzt habe ich einen Punkt gemalt.“) Durch diese Vorgehensweise behält der Schüler die Übersicht über den Zählvorgang.	Statt mit Fingerfarbe zu drucken, können die Schüler auch ihre Finger in *Knetgummi* oder *Ton* drücken. Stempel (z. B. 1-Ct.- oder 1-Euro-Geldstempel) werden nach Zahlvorgabe abgedruckt. „Stempele sechs Cent auf das Blatt.“ „Male sechs Punkte auf das Blatt.“ 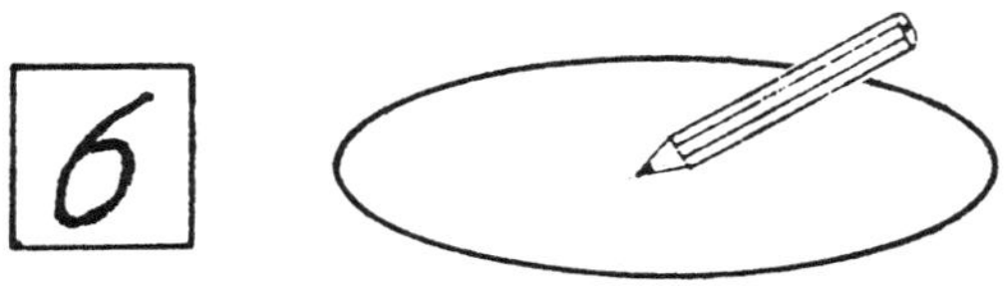 ➜ ARBEITSBLATT 11.3.3-1, -2 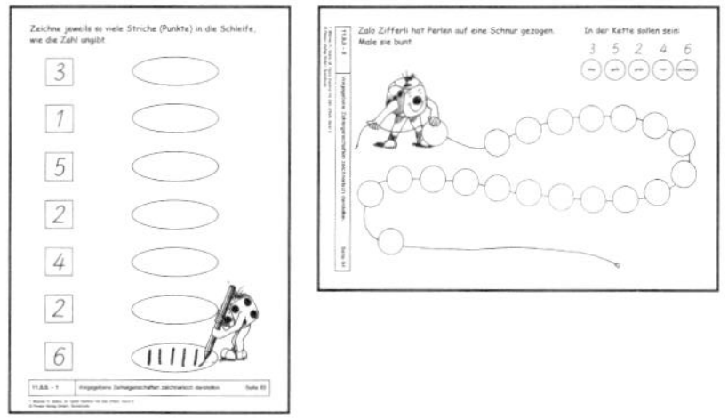
	11.3.4 **Abzählendes Herstellen einer Menge mit vorgegebener Zahleigenschaft anhand der Finger**	Jetzt ist der Zeitpunkt gekommen, die Finger gezielt als sinnvolle Zähl- und Merkhilfe und als Kontroll-Instrument einzusetzen: Zunächst wird auch anhand der Finger das abzählende Herstellen einer Menge geübt. Auftretende Schwierigkeiten im Bereich der Feinmotorik und der sensomotorischen Koordination können häufig durch gezieltes Training oder die Verwendung der Finger beider Hände überwunden werden.	„Zeige drei Finger. Zeige vier Finger, usw.“

Lernziel	Lernschritte	Didaktisch-methodische Hinweise	Beispiele für den Unterricht / *Medien*
➜ 11.3 **Die Schüler sollen die Zahleigenschaften von Mengen mit bis zu 6 Elementen bestimmen (Abzählen)**	**➜ 11.3.4** **Abzählendes Herstellen einer Menge mit vorgegebener Zahleigenschaft anhand der Finger**	Häufig entwickeln die Schüler eigene kreative Zählstrategien und setzen dabei eine Hand oder beide Hände ein. Viele Schüler lernen, die Zahlen von 1 bis 6 mit immer den gleichen Fingern darzustellen. (Z. B.: 1 = Daumen; 2 = Daumen, Zeigefinger; 3 = Daumen, Zeige- und Mittelfinger; 4 = Zeige-, Mittel-, Ring- und kleiner Finger; etc.) Einem Fingerbild ist eine bestimmte Zahl zugeordnet, ähnlich wie der Punktanordnung auf einem Würfel. Dieses Bild wird ganzheitlich erkannt und gedeutet – die einzelnen Elemente werden nicht mehr abgezählt. Dieses Erfassen des Fingerbildes kann zur Bewältigung lebenspraktischer Situationen eine Hilfe sein; es führt aber weg von der Zahleigenschaft einer Menge und soll daher in diesem Lernschritt nicht speziell trainiert werden.	
	11.3.5 **Abzählen einer Menge durch Punktieren, Abstreichen oder Zeigen der Elemente**	Eine zeichnerisch dargestellte Menge (bis zu 6 Elemente) wird abgezählt; dabei findet keine Umordnung mehr statt, sondern die gezählten Elemente werden einzeln mit einem Stift punktiert oder abgestrichen. Zunächst können die Elemente noch linear angeordnet sein. Durch die dann folgende Auflösung der linearen Anordnung wird die Grundeinsicht vermittelt, dass die Reihenfolge, in der die Elemente gezählt werden, beliebig ist. Es wird eindeutig erkennbar, dass die Zahl die Mächtigkeit der abgezählten Menge und nicht eine Rangfolge (Ordinalzahl, z. B.: das zweite Plättchen) bezeichnet. Mit zunehmender Übung verkürzt sich das begleitende Sprechen auf: „Das sind zwei, drei, vier, ...“.	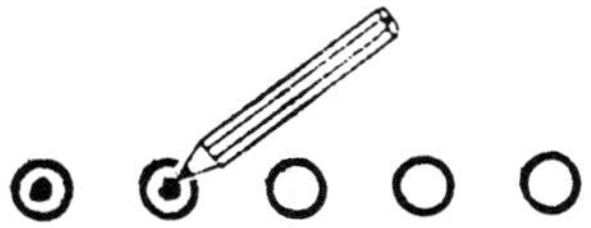 *punktieren* „Das sind zwei Plättchen ...“  *abstreichen* „Das sind drei Plättchen ...“  *Auflösung der linearen Anordnung* „Das sind fünf Plättchen ...“

Lernziel	Lernschritte	Didaktisch-methodische Hinweise	Beispiele für den Unterricht / *Medien*
→ 11.3 **Die Schüler sollen die Zahleigenschaften von Mengen mit bis zu 6 Elementen bestimmen (Abzählen)**	**→ 11.3.5** **Abzählen einer Menge durch Punktieren, Abstreichen oder Zeigen der Elemente**	Dann fällt auch das Markieren durch Punktieren oder Abstreichen weg. Jetzt werden die Elemente beim Zählen nur noch mit dem Finger angetippt. Es entfällt also die Kontrollmöglichkeit, ob ein Element bereits gezählt wurde oder nicht.	→ ARBEITSBLATT 11.3.5-1 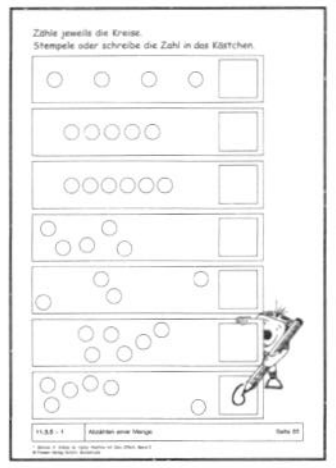  antippen, zeigen
		Kommt es häufig vor, dass ein Schüler Elemente doppelt oder gar nicht zählt, werden die Elemente überschaubar nebeneinander angeordnet. Ggf. wird wieder auf das Markieren bzw. die Umordnung zurückgegriffen. Manchmal reicht es auch, das abgezählte Element etwas seitlich zu verschieben oder die Menge linear anzuordnen.	„Eins, zwei, drei, vier, fünf: Das sind fünf Plättchen."
	11.3.6 **Abzählen bzw. Herstellen einer Menge ohne konkrete Zählhilfen**	Jetzt wird das Abzählen einer realen oder zeichnerisch dargestellten Menge weitgehend ohne Hilfsmittel geübt. Das visuelle Erfassen und Benennen (zunächst laut, später leise) kann noch durch leichtes Kopfnicken, Fußtippen oder Fingerzählhilfe begleitet werden. Da das Erfassen einer Punktmenge um so schwieriger ist, je näher die Punkte beieinanderliegen, sollen die Plättchen anfangs mindestens 20 Millimeter (später mind. 5 Millimeter) auseinanderliegen.	 Übung: „Wir zählen, ohne die Hände zu benutzen." (Hände auf den Rücken) „Wie viele Plättchen liegen hier?"

Lernziel	Lernschritte	Didaktisch-methodische Hinweise	Beispiele für den Unterricht / *Medien*
➜ 11.3 **Die Schüler sollen die Zahleigenschaften von Mengen mit bis zu 6 Elementen bestimmen (Abzählen)**	➜ 11.3.6 **Abzählen bzw. Herstellen einer Menge ohne konkrete Zählhilfen**	Wenn das vorstellende Abzählen ohne Hilfsmittel Schwierigkeiten bereitet, kann als Hilfestellung die zu zählende Menge mit einem Blatt Papier abgedeckt werden. Das Papier wird dann langsam zur Seite gezogen, sodass die Elemente der Menge nach und nach sichtbar werden und so leichter gezählt werden können. Sobald die Schüler gelernt haben, eine Menge systematisch zu erfassen (Einhalten einer Leserichtung), kann die Hilfestellung wieder ausgeblendet werden. In einem zweiten Schritt wird eine Menge mit mehr als 6 Elementen vorgegeben. Aufgabe der Schüler ist es, eine vorgegebene Anzahl vorstellend abzuzählen, indem sie jeweils ein Element mit den Augen optisch fixieren, leise die Zahl nennen und dabei leicht mit dem Kopf nicken und dann die gezählte Menge mit einem Stock (Band, Gummiring, Strich etc.) von der Gesamtmenge abtrennen.	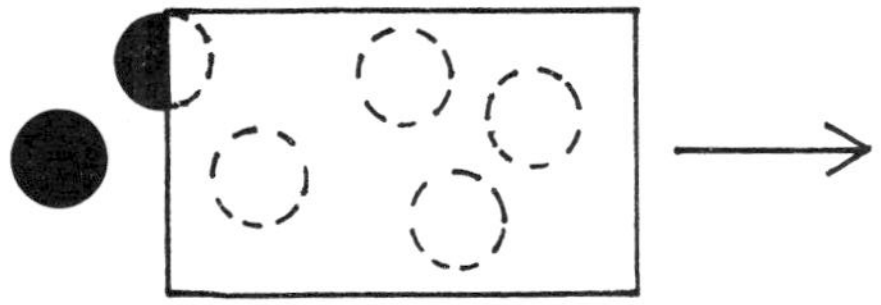 Abzählen in Partnerarbeit: Während ein Schüler das Blatt langsam zur Seite zieht, zählt der andere die sichtbar werdenden Elemente. 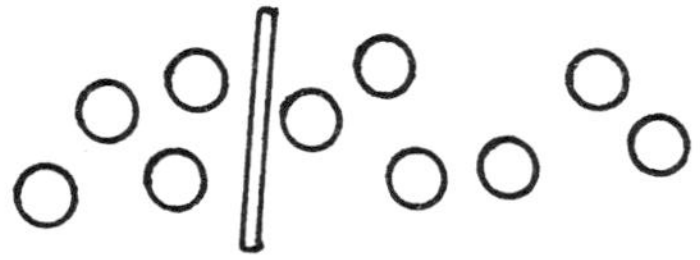 Reale Gegenstände *(Muggelsteine)* liegen auf dem Tisch. Aufgabe für den Schüler: „Zähle nur mit den Augen vier Muggelsteine ab. Trenne diese vier Steine durch ein *Stäbchen* ab.“ 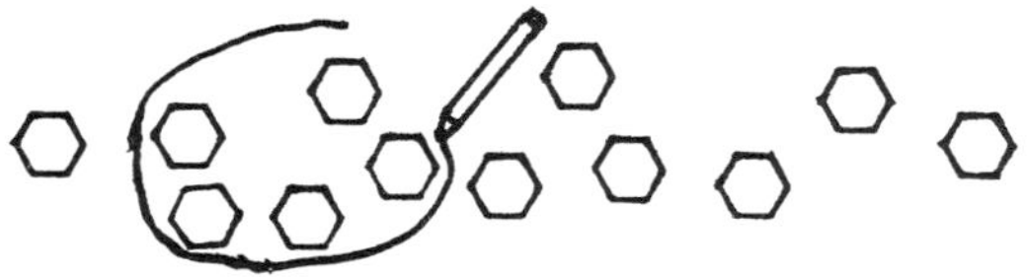 Übung auf Arbeitsblättern: „Zähle nur mit den Augen fünf Formen ab und kreise sie ein.“ ➜ ARBEITSBLATT 11.3.6-1 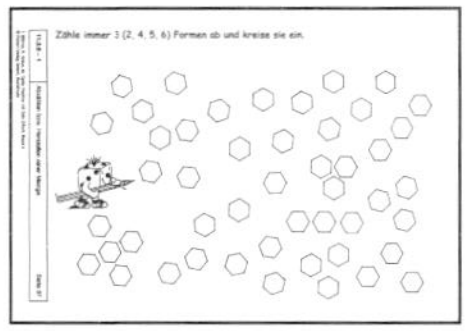

Lernziel	Lernschritte	Didaktisch-methodische Hinweise	Beispiele für den Unterricht / *Medien*
➔ 11.3 **Die Schüler sollen die Zahleigenschaften von Mengen mit bis zu 6 Elementen bestimmen (Abzählen)**	**➔ 11.3.6** **Abzählen bzw. Herstellen einer Menge ohne konkrete Zählhilfen**	Schließlich werden Mengen mit unterschiedlich dargestellten Teilmengen angeboten, die jeweils abgezählt werden sollen. Der Zählvorgang findet stets ohne Zählhilfen statt – also auch ohne Zuhilfenahme der Hände.	 „Zähle – ohne die Hände zu benutzen – alle Obststücke.“  „Zähle die Birnen.“ „Zähle die Äpfel.“ „Zähle die Pflaumen.“ 
		Schüler, die den Lernschritt 11.3.6 nicht bewältigen, weil sie Schwierigkeiten im Bereich der Wahrnehmung haben, können trotzdem zu Kapitel 12 übergehen. Wenn die Schüler die im Lernziel 11.3 geforderten Fähigkeiten sicher beherrschen, kann jetzt schon der Zahlenraum l über 6 hinaus bis 10 erweitert werden (siehe Kapitel 13). Voraussetzung für das nachfolgende Kapitel 12 ist aber nur die Kenntnis der Zahlen bis 6.	„Zähle die Eurostücke.“ „Zähle die Centstücke.“

Lernziel	Lernschritte	Didaktisch-methodische Hinweise	Beispiele für den Unterricht / *Medien*
→ 11.3 Die Schüler sollen die Zahleigenschaften von Mengen mit bis zu 6 Elementen bestimmen (Abzählen)	**[11.3.7] Zählen von Ereignissen**	Das Zählen von Ereignissen ist von der Anforderung an Wahrnehmung und Konzentration her die schwierigste Form des Zählens, da sie sich ganz auf der Ebene der Vorstellung vollzieht. Der ablaufende Vorgang dokumentiert sich nicht in einer sichtbaren Menge (Mengenbild o. ä.), sodass eine visuelle Kontrolle nicht möglich ist. Man kann zwischen dem Zählen vorgegebener Ereignisse und dem Zählen selbst herbeigeführter Ereignisse unterscheiden.	
		Zählen vorgegebener Ereignisse: Damit die Schüler das Zählen von Ereignissen bewältigen können, müssen sie anfänglich die Ereignisse 'sichtbar machen', indem sie diese mitprotokollieren (Klötzchen herauslegen, mit den Fingern zählen, Strichliste führen). Dann zählt ein Schüler ohne Hilfsmittel, während ein zweiter Schüler protokolliert. Danach wird verglichen, ob beide Schüler zu dem gleichen Ergebnis gekommen sind. Schließlich zählen zwei Schüler, ohne dabei Protokoll zu führen, und vergleichen anschließend ihre Ergebnisse (Lehrerkontrolle). Zur Kontrolle kann auch eine Tonband- oder Videoaufzeichnung mitlaufen.	Beispiele für Ereignisse, die gezählt werden können: - Anzahl der Glockenschläge einer Uhr, - Anzahl der Klopftöne (Lehrkraft oder ein Schüler klopft auf den Tisch), - Anzahl der Autos, die vorbeifahren, - Anzahl der Runden, die ein Schüler in der Turnhalle läuft, - Anzahl der Tore, die eine Mannschaft erzielt, - Anzahl der Bahnen, die ein Schüler im Schwimmbad schwimmt. - Anzahl der Tropfen, die aus einem Medizinfläschchen tropfen,
		Zählen von selbst herbeigeführten Ereignissen: Jetzt ist die Anzahl der Ereignisse vorgegeben. Aufgabe der Schüler ist es, einen Vorgang (eine Handlung) so oft zu wiederholen, bis die festgelegte Anzahl erreicht ist. Als Hilfestellung kann auch hier zunächst ein zweiter Schüler die Anzahl der ausgeführten Vorgänge mitprotokollieren.	- Anzahl der Teelöffel mit Kakao, Zucker o. ä., die für ein Getränk oder eine Speise gebraucht werden (Hauswirtschaftsunterricht) - Anzahl der Süßstofftabletten, die in den Tee getan werden sollen (Frühstück), - Anzahl der Geldstücke, die in einen Automaten geworfen werden sollen, - Anzahl der Tropfen Medizin, die aus einem Fläschchen entnommen werden sollen. CD Spiel 12: Diverse Würfelspiele

Lernziel	Lernschritte	Didaktisch-methodische Hinweise	Beispiele für den Unterricht / *Medien*
➔ 11.3 **Die Schüler sollen die Zahleigenschaften von Mengen mit bis zu 6 Elementen bestimmen (Abzählen)**	**[11.3.8]** **Abzählen einer Menge, indem der Zählvorgang mit einer simultanen Teilmengenerfassung begonnen wird**	Der Prozess des Abzählens soll erleichtert und beschleunigt werden, indem die Schüler nicht mit „Eins“ beginnen, sondern am Anfang eine für sie simultan noch sicher zu erfassende Menge ausgrenzen und von dort aus weiterzählen. Die Fähigkeit, von einer bekannten Menge aus weiterzählen zu können, findet in nachfolgenden Lernschritten, z. B. beim 'abzählenden Rechnen', praktische Anwendung. Das Weiterzählen kann durch die nebenstehend beschriebenen Übungen mit zwei speziellen Würfeln trainiert werden. Die Schüler erkennen, dass einer der Würfel immer zwei Augen (später drei Augen) anzeigt. Diese Menge ist bekannt und muss nicht bei jedem Wurf erneut gezählt werden. Die Schüler zählen die Augen der Würfel, indem sie sagen:   „zwei“ – „drei, vier, fünf“ Nach diesen Übungen werden konkrete Mengen abgezählt, indem zunächst die simultan erfassbare Teilmenge (also zwei oder drei Elemente) zur Seite geschoben und benannt wird. Dann wird weitergezählt, bis alle Elemente der Menge erfasst sind.	Alle *Brettspiele*, die normalerweise mit Augenwürfeln gespielt werden, können als Übungsmaterial genutzt werden (Wettrennen, Mensch-ärgere-dich-nicht, Malefiz, etc.). Statt des normalen Würfels kommen zwei speziell gestaltete Würfel zum Einsatz. Dafür werden zwei *Blankowürfel* in unterschiedlichen Farben mit entsprechenden Punktmengen beschriftet. Zunächst wird mit folgendem Würfelpaar gespielt: roter Würfel 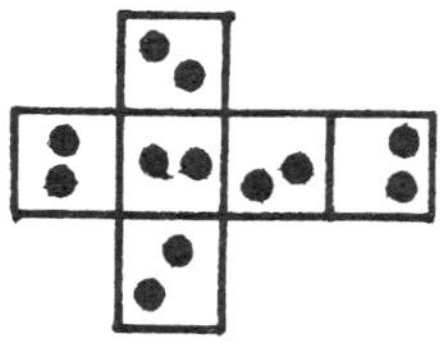 grüner Würfel 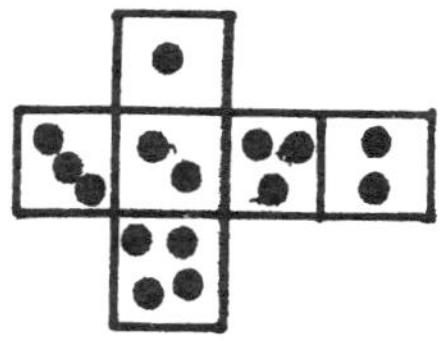 Schüler, die eine Dreiermenge simultan erfassen, können mit folgendem Würfelpaar spielen: blauer Würfel 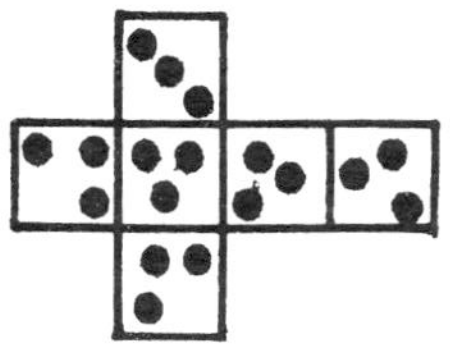 gelber Würfel 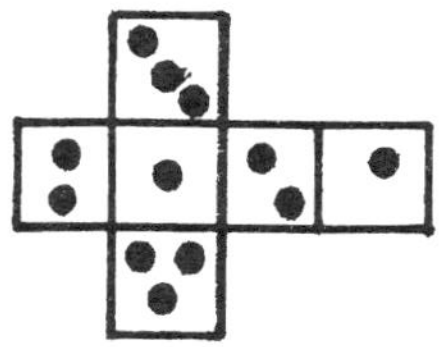

Hinweise

Weitere Materialien und Medien zum Bereich EINFÜHRUNG DER ZAHLEN (1 BIS 6),
die im Rahmen dieses Konzeptes (anteilig) eingesetzt werden können

Flex und Fo
Rechnen bis 10
Diesterweg Verlag, ISBN: 978-3-425-13211-2

Große Reliefzahlen
Holzplättchen 7 x 10 cm, Holzbox
Beenen Verlag, Art. Nr. 340-9

Magnet-Zahlen
bunt, aus Schichtholz, in Holzkästchen
Betzold Verlag, Art. Nr. 50987 Gh

Misthaufen
Tierrechen-Kartenspiel
Schubi Verlag, Art. Nr. 22380

Von der Menge zur Zahl
Klammerkarten
Persen Verlag, Best. 2736

12 Rechenoperationen

Liebe Chirurgen!

Jetzt erfolgt eine Operation nach der anderen! Zunächst erproben wir alle Möglichkeiten, eine Menge in zwei Teile zu zerlegen. Mit Überraschung stellen wir dabei fest, dass manchmal von einer Teilmenge nichts mehr übrig bleibt. Diesem Phänomen geben wir den Namen „Null". Dann führen wir in einem begrenzten Rahmen „Dazu-" und „Weg-Operationen" aus. Das heißt, wir üben Additions- und Subtraktionsaufgaben im Zahlenraum bis 6. Als Operationswerkzeuge lernen wir die Rechenzeichen +, –, = und ≠ kennen.

Mit operativem Gruß
Euer Zalo Zifferli

Lernziel	Lernschritte	Didaktisch-methodische Hinweise	Beispiele für den Unterricht / *Medien*

Im Punkt 12 werden die Schüler schrittweise an erste Rechenoperationen herangeführt. Dabei werden Vorgänge des Erweiterns (Addition) und Verminderns (Subtraktion) stets parallel eingeführt, da sie nur im Sinne einer Umkehrhandlung verstehbar sind. Zur Isolierung von Schwierigkeiten kann es im Einzelfall aber sinnvoll sein, zunächst nur Mengenoperationen zu üben, bei denen die vorgegebene Teilmenge zur Zielmenge hin erweitert wird (Addition). Das Vermindern (Subtraktion) wird dann in einem weiteren Schritt geübt.
Es wird angestrebt, dass die Schüler Aufgaben 'rechnend' – also auf der Ebene der Vorstellung – lösen. Zum Beispiel: „Zwei Äpfel liegen auf dem Tisch. Ich lege noch zwei dazu.“ Der Schüler stellt sich die beiden genannten Mengen vor, fügt sie in Gedanken zusammen, ermittelt die Summe und nennt das Ergebnis. Diese kognitive Leistung wird erfahrungsgemäß aber nur von einem Teil der geistig behinderten Schüler erbracht. Der andere Teil geht 'abzählend' vor. Diese Schüler benötigen stets anschauliche Hilfen, um eine Addition oder Subtraktion zu bewältigen. Mit beiden Schülergruppen kann das Lernziel 12 bearbeitet werden. Beim Abbau der anschaulichen Hilfen muss dann differenziert werden. Vergleiche hierzu die Anmerkungen in Lernschritt 12.2.2 auf Seite 51.

Lernziel	Lernschritte	Didaktisch-methodische Hinweise	Beispiele für den Unterricht / *Medien*
12.1 **Die Schüler sollen anhand konkreter Spielsituationen auf der Mengenebene erste Rechenoperationen durchführen (Mengenanalyse)**	**12.1.1** **Zerlegen einer Menge in zwei Teilmengen und Einführung der Null**	Um Schwierigkeiten zu isolieren und exemplarisches Lernen zu ermöglichen, wird bei der Einführung der Rechenoperationen sofort mit strukturiertem Material (Plättchen, Muggelsteinen etc.) gearbeitet. Erst wenn die Schüler in der Lage sind, einfache Rechenoperationen durchzuführen, kann auch mit Beispielen und Gegenständen aus dem alltäglichen Erfahrungsbereich gearbeitet werden; hierbei handelt es sich dann im Grunde schon um Sachaufgaben, die in der Regel einen höheren Schwierigkeitsgrad haben als Rechenoperationen mit abstraktem Material. Zunächst steht die konkrete Mengenanalyse im Vordergrund, d. h. eine Grundmenge wird auf anschaulicher Ebene in zwei unterscheidbare Teilmengen zerlegt. Dabei wird weiterhin im Zahlenraum bis 6 gearbeitet.	 Jeder Schüler stellt eine *Kette* mit 6 *Perlen* her. Auf der Perlenschnur bleibt etwas Spielraum, sodass die Perlen an jeder beliebigen Stelle in 2 Teilmengen aufgeteilt werden können. Die Schüler stellen fest, dass sich diese 6er-Menge in verschiedene Teilmengen gliedern lässt.

Lernziel	Lernschritte	Didaktisch-methodische Hinweise	Beispiele für den Unterricht / *Medien*
➔ 12.1 **Die Schüler sollen anhand konkreter Spielsituationen auf der Mengenebene erste Rechenoperationen durchführen (Mengenanalyse)**	**➔ 12.1.1** **Zerlegen einer Menge in zwei Teilmengen und Einführung der Null**	Die Schüler sollen spielerisch erfahren, dass sich eine Menge in zwei Teilmengen aufteilen lässt. Die Mächtigkeit der Teilmengen ist zwar je nach Aufteilung unterschiedlich, jedoch stehen die Teilmengen in einer festen Beziehung zueinander, sie ergänzen sich zur Gesamtmenge. Als Übungsmaterial eignen sich hier sehr gut Wendeplättchen (kleine runde Scheiben, deren Vorder- und Rückseite farblich unterschiedlich gekennzeichnet sind). Auch Kronkorken, Centstücke oder die Steine vom Reversispiel können als Wendeplättchen genutzt werden.	Übung: 'Wendeplättchen im Raster' Zur Aufteilung der Menge 6 in verschiedene Teilmengen werden jeweils 6 *Wendeplättchen* abgezählt. Die Plättchen werden auf den Tisch geworfen und fallen zufällig auf die rote oder gelbe Seite. Zunächst werden die Plättchen nach Farben sortiert in ein aufgezeichnetes *Raster* geordnet. Nach mehreren Würfen wird deutlich, dass sich die Gesamtmenge in unterschiedlich mächtige rote und gelbe Teilmengen aufteilen lässt. CD Spiel 13: Wendeplättchen im Raster 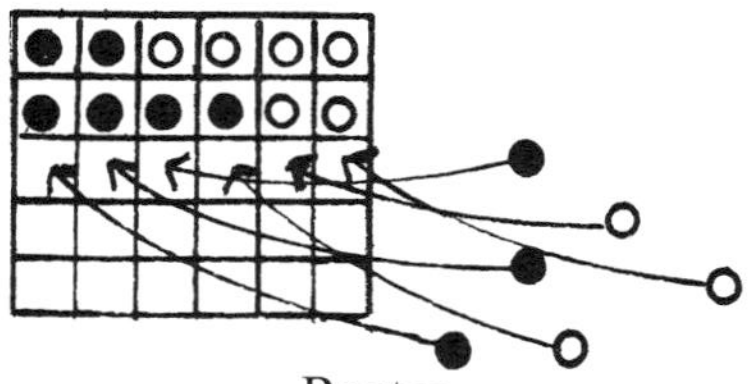 Raster
		Bei diesen Übungen kann es vorkommen, dass alle Plättchen eine Farbe zeigen. Dann enthält eine Teilmenge alle Elemente, die zweite Teilmenge ist leer. Hier bietet es sich an, <u>die Zahl 0</u> einzuführen. Als Eselsbrücke kann die leere Mengenschleife genommen werden, die eine ähnliche Form wie das Zahlzeichen hat. (Nähere Hinweise zur Einführung des Zahlzeichens, des Zahlwortes und der Schreibung können analog aus den Lernschritten 11.2.3 bis 11.2.5 entnommen werden.)	Übung: Wendeplättchen ohne Raster Ein Schüler wirft die *Wendeplättchen*, ein zweiter nennt die Anzahl der roten Plättchen und ein dritter die Anzahl der gelben. Zur Kontrolle werden die durcheinanderliegenden Plättchen in zwei *aufgezeichnete Kreise* geschoben. 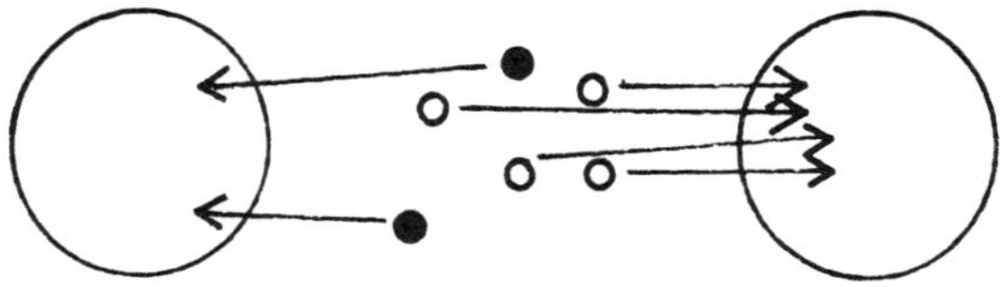

Lernziel	Lernschritte	Didaktisch-methodische Hinweise	Beispiele für den Unterricht / *Medien*
→ 12.1 **Die Schüler sollen anhand konkreter Spielsituationen auf der Mengenebene erste Rechenoperationen durchführen (Mengenanalyse)**	**→ 12.1.1** **Zerlegen einer Menge in zwei Teilmengen und Einführung der Null**		CD → ARBEITSBLATT 12.1.1-1a, -1b, -1c Diese Übung wird so häufig wiederholt, bis jeder Schüler den gesamten Vorgang selbstständig ausführen kann. Schließlich wirft ein Schüler die *Wendeplättchen* und ein zweiter Schüler legt statt der Wendeplättchen die entsprechenden *Zahlenkärtchen* in die beiden Kreise. CD Spiel 14: Wendeplättchen-Wettlauf
	12.1.2 **Rückschließen von der sichtbaren Teilmenge auf die Mächtigkeit der anderen Teilmenge**	Auch in diesem Lernschritt wird eine Menge konkret handelnd in zwei Teilmengen zerlegt. Dabei wird jetzt aber eine Teilmenge der optischen Kontrolle entzogen; es bleibt nur die andere Teilmenge sichtbar. Aufgabe der Schüler ist es, anhand der sichtbaren Teilmenge Rückschlüsse auf die Mächtigkeit der verdeckten Teilmenge zu ziehen. Erfahrungsgemäß werden viele Schüler mit dieser Aufgabenstellung Schwierigkeiten haben, denn zur Bewältigung der Aufgabe ist es notwendig, eine teilweise vorstellende Handlung zu vollziehen. Zur Überwindung dieser Schwierigkeit können folgende Hilfestellungen angeboten werden: - Zunächst werden Gesamtmengen mit einer Mächtigkeit von nur 3 (4, 5) Elementen in Teilmengen zerlegt, - Für die nicht sichtbare Teilmenge sind anfänglich noch Platzhalter vorhanden, - Die nicht sichtbare Teilmenge wird kurzzeitig sichtbar gemacht.	Kerzenausblasen: In einem abgedunkelten Raum brennen 6 *Kerzen,* 4 werden ausgeblasen. „Zwei Kerzen brennen noch. Wie viele wurden ausgeblasen?“ Spielerische Übung: Büchsenwerfen Wie auf der Kirmes werden 6 *Dosen* auf einem *Tisch* zu einer Pyramide gestapelt. Mit einem *weichen Ball* werden die Büchsen abgeworfen. Nach jedem Wurf nennt der Schüler die Zahl der heruntergeworfenen Büchsen. Dann wird der Tisch mit einer *Decke* so verhängt, dass die heruntergeworfenen Büchsen nicht mehr gesehen werden können. Der Schüler muss jetzt „errechnen“, wie viele Büchsen er abgeworfen hat, indem er von der sichtbaren Teilmenge Rückschlüsse auf die nicht sichtbare Teilmenge zieht.

Lernziel	Lernschritte	Didaktisch-methodische Hinweise	Beispiele für den Unterricht / *Medien*
➜ 12.1 **Die Schüler sollen anhand konkreter Spielsituationen auf der Mengenebene erste Rechenoperationen durchführen (Mengenanalyse)**	**➜ 12.1.2** **Rückschließen von der sichtbaren Teilmenge auf die Mächtigkeit der anderen Teilmenge**	Zur Kontrolle des Ergebnisses wird stets die verdeckte Teilmenge wieder sichtbar gemacht.	Spielerische Übung: Kegel pusten An einer Tischkante werden 6 kleine *Pappkegel* aufgestellt. Die Schüler versuchen, von der anderen Seite des Tisches aus möglichst viele Kegel herunterzupusten. „Wie viele Kegel sind heruntergefallen?“ Zusatzaufgabe beim Spiel: Spitz pass auf (Spielwarenhandel) „Wie viele Spielfiguren sind unter dem Becher gefangen?“
		Sofern Schüler große Schwierigkeiten haben, diesen Lernschritt zu bewältigen, wird zunächst das Zerlegen in Teilmengen (Lernschritt 12.1.1) weiter geübt. Schüler, die hier überfordert sind, sollten – unter Berücksichtigung lebenspraktischer Aspekte – ihren Zahlenraum erweitern, indem sie zu Lernschritt 13.1.1 übergehen. Knobelspiele sind in der Regel bei den Schülern sehr beliebt. Sie können – mit Kontrolle durch die Lehrkraft – in Partner- und Gruppenarbeit durchgeführt werden.	Spielerische Übung: Knobelspiel 1 Gespielt wird mit *Plättchen, Muggelsteinen, 6er-Perlenketten* etc. „Hier liegen 5 Plättchen. Ich decke mit meiner Hand einige ab. „Wie viele liegen unter meiner Hand?“ CD Spiel 15: Immer 6
		[Die Verwendung von Zahlzeichen ist ein Vorgriff auf nachfolgende Lernschritte (siehe 12.2.3) und daher an dieser Stelle fakultativ! Mit dem Einsatz der Zahlen wird langsam der Übergang von der Mengenebene zur Zahlenebene vorbereitet.]	Spielerische Übung: Knobelspiel 2 Ein Spieler nimmt alle Plättchen, die auf dem Tisch liegen (max. 6) und verteilt sie – für den Mitspieler nicht sichtbar – auf seine beiden Hände. Dann öffnet er eine Hand und fragt: „Wie viele Plättchen habe ich in der anderen Hand?“

Lernziel	Lernschritte	Didaktisch-methodische Hinweise	Beispiele für den Unterricht / *Medien*
➜ 12.1 **Die Schüler sollen anhand konkreter Spielsituationen auf der Mengenebene erste Rechenoperationen durchführen (Mengenanalyse)**	**[12.1.3]** **Rückschließen von der einen Teilmenge auf die Mächtigkeit der anderen Teilmenge auf der Ebene der Vorstellung**	Zur Bewältigung dieses [fakultativen] Lernschrittes ist es notwendig, dass die Schüler eine vollständig vorstellende Handlung durchführen können, denn jetzt wird nicht mehr konkret handelnd mit Mengen (Plättchen etc.) umgegangen, sondern es werden nur noch die Zahlwörter genannt. Die optische Darstellung der Elemente der Menge bzw. der Teilmenge entfällt. Erst wenn die Aufgabe gelöst ist, werden als Kontrolle die Mengen anschaulich dargeboten. Die Schüler erkennen, dass die Lösung logisch zwingend ist.	Spielerische Übung: Knobelspiel 3 Wieder werden max. 6 Plättchen auf beide Hände verteilt. Der Spieler lässt die Hände geschlossen und sagt z. B.: „In dieser Hand habe ich 2 Plättchen; wie viele sind in der anderen Hand?“
	12.1.4 **Mengen im Spiel durch Hinzufügen bzw. Wegnehmen verändern**	Zur Vorbereitung der Addition und Subtraktion wird der Vorgang des Hinzufügens bzw. des Wegnehmens zunächst anhand von „Mogelspielen“ geübt. Erfahrungsgemäß machen diese Spiele den Schülern viel Spaß, sodass sie eine gute Motivation zur spielerischen Einübung der Addition und Subtraktion darstellen. Diese „Mogelspiele“ sollen so lange durchgeführt werden, bis die Schüler das Angleichen sicher beherrschen. Dann wird der Vorgang des Hinzufügens bzw. des Wegnehmens in Geschichten eingekleidet (Sachaufgaben) und an realen Dingen demonstriert und nachgespielt.	CD Spiel 16: Mogelspiel Die Spieler sitzen an einem Tisch. In der Mitte steht ein *Schälchen* mit max. 6 *Plättchen (Klötzchen, Streichhölzern, Bohnen* etc.). Ein Spieler beginnt und legt zum Beispiel 3 Plättchen heraus. Er sagt: „Das sind 5 Plättchen.“ Sein Nachbar betrachtet die Menge und antwortet: „Nein, das sind nur 3 Plättchen. Wenn du 2 dazutust, sind es 5 Plättchen.“ Er legt die 2 fehlenden Plättchen dazu. Jetzt darf er mogeln: Er nimmt die Plättchen auf und legt für den nächsten Nachbarn eine neue Menge aus. Dazu macht er eine wahre oder falsche Aussage. Der Nebenmann bestätigt entweder diese Aussage oder korrigiert sie durch entsprechendes Hinzufügen oder Wegnehmen von Plättchen.

Lernziel	Lernschritte	Didaktisch-methodische Hinweise	Beispiele für den Unterricht / *Medien*
➔ 12.1 **Die Schüler sollen anhand konkreter Spielsituationen auf der Mengenebene erste Rechenoperationen durchführen (Mengenanalyse)**	**➔ 12.1.4** **Mengen im Spiel durch Hinzufügen bzw. Wegnehmen verändern**		*Spielzeugautos:* „Auf diesem Parkplatz stehen 4 Autos. Jetzt kommt noch eins dazu.“ *Schuhe im Regal:* „Im Regal stehen 6 Schuhe. Ich will 2 herausnehmen, wie viele sind dann noch im Regal?“ *Spielzeugeisenbahnen:* „Ich fahre meinen Zug neben deinen. Mache deinen Zug genauso lang wie meinen. Sage mir vorher, wie viele Wagen du anhängst oder abkoppelst.“ *Buntstifte:* „In diese Schachtel passen 6 Buntstifte. 3 sind schon drin, wie viele kannst du noch hineintun?“ Wir spielen ‘Busfahren’ als Rollenspiel: Im Klassenraum werden 6 Stühle als Sitzplätze des Busses zusammengestellt. An jeder Haltestelle steigen nach Anweisung der Lehrkraft Schüler ein oder aus. Nach jedem Stopp sagen die Schüler, wie viele Plätze im Bus frei und wie viele besetzt sind.

Lernziel	Lernschritte	Didaktisch-methodische Hinweise	Beispiele für den Unterricht / *Medien*
12.2 **Die Schüler sollen auf der teilvorstellenden Ebene Rechenoperationen durchführen**	**12.2.1** **Mengenoperationen (Erweitern/ Vermindern) auf konkreter Ebene**	Die Realmedien werden jetzt durch strukturiertes Material ersetzt; die einkleidenden Geschichten werden zunehmend abstrakter. Wie im vorangegangenen Lernschritt werden die Mengenoperationen weiterhin konkret-handelnd durchgeführt. Der gesamte Vorgang des Erweiterns bzw. Verminderns soll von den Schülern sprachlich begleitet werden. Zur besseren Übersicht sollen die hinzugefügten bzw. weggenommenen Plättchen farblich anders gekennzeichnet werden. Bei Verwendung von Wendeplättchen kann dies ganz einfach durch Umdrehen der Plättchen erfolgen. Tafel Zielmenge 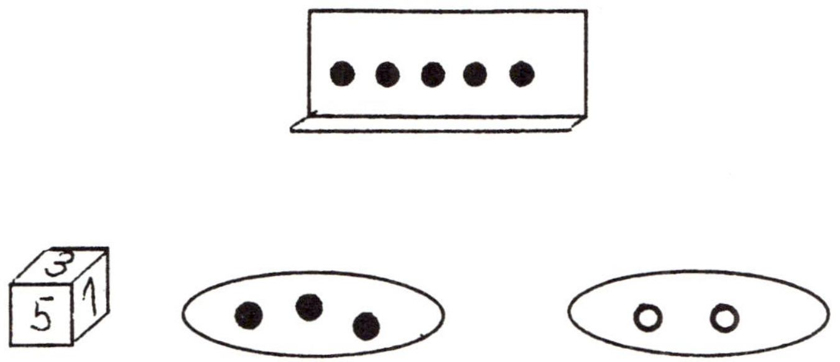 würfeln und auslegen 1. Teilmenge erweitern bzw. vermindern 2. Teilmenge	Zunächst wird nur mit *Muggelsteinen* geübt. Dann kann auch anderes Material *(Perlen, Cuisinaire-Stäbchen, Schubifix-Steine)* eingesetzt werden. Spielerische Übung: Hier stimmt was nicht! Ein Schüler legt eine Anzahl *Plättchen* (max. 6 Stück) auf den Tisch. Dann deckt er von einem Stapel *Zahlenkärtchen* (Zahlen von 0 bis 6) das oberste Kärtchen auf. Die Plättchenmenge und die Zahl stimmen nicht überein. Aufgabe des zweiten Schülers ist es, hier Übereinstimmung herzustellen, indem er die Plättchenmenge durch Hinzufügen bzw. Wegnehmen dem Zahlenkärtchen angleicht. Nach erfolgter Kontrolle tauschen die beiden Schüler die Aufgabenstellung und führen eine neue Übung durch. Spielerische Übung: Wer würfelt die richtige Menge? Jeder bekommt einen *Zahlenwürfel* (mit den Zahlen von 1 bis 6) und 6 *Plättchen*. Die Schüler würfeln und legen ihre gewürfelte Zahl als Plättchenmenge aus. Dann wird eine zuvor an die Tafel gemalte Zielmenge (bis max. 6 Punkte) sichtbar gemacht. Jetzt vergleichen die Schüler ihre Menge mit der vorgegebenen Zielmenge. Stimmen die Mengen überein, erhalten die Schüler zwei *Streichhölzer* o.a.. Andernfalls wird angeglichen, indem die Schüler ihre Menge durch Hinzufügen weiterer Plättchen erweitern bzw. durch Wegnehmen vermindern. Es ist wichtig, dass die Teilmengen, die so entstehen, deutlich voneinander getrennt liegen (z.B. in zwei Kreisen oder auf farbigen Blättern). Haben die Schüler richtig erweitert bzw. vermindert, erhalten sie hierfür einen Streichholz. Gewonnen hat, wer am Ende des Spiels die meisten Streichhölzer besitzt.

Lernziel	Lernschritte	Didaktisch-methodische Hinweise	Beispiele für den Unterricht / *Medien*
→ 12.2 **Die Schüler sollen auf der teilvor-stellenden Ebene Rechenoperatio-nen durchführen**	**12.2.2** **Mengenoperatio-nen (Erweitern/ Vermindern) auf zeichnerischer Ebene**	* Für das weitere Vorgehen ist es notwendig, genau zu ermitteln, wie ein Schüler eine Mengenoperation durchführt. Zu klären ist, ob die Aufgaben gerechnet werden oder ob sie durch Abzählen gelöst werden. Zum Beispiel das Angleichen dieser abgebildeten Mengen. 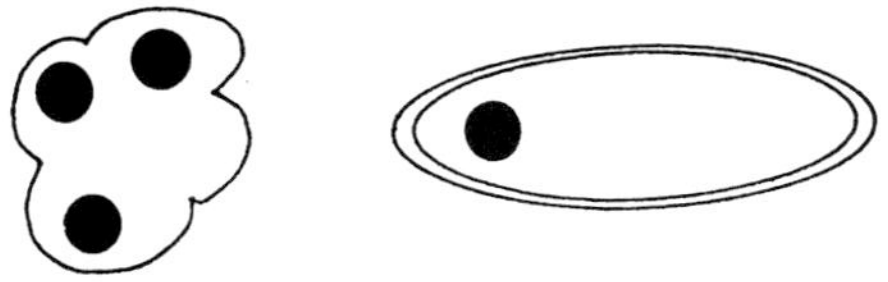 Die Schüler **rechnen** diese Aufgabe, indem sie auf die Erfahrungen aus vorangegangenen Lernschritten zurückgreifen und jetzt wissen, dass sich die Menge 3 in die Teilmengen 1 und 2 aufteilen lässt. In diesem Fall wird die Rechenoperation auf der teilvorstellenden Ebene durchgeführt. Die Schüler lösen diese Aufgabe **abzählend**, indem sie zunächst die Zielmenge in der Wolke ermitteln. Anschließend wird die abgebildete Teilmenge gezählt und dann weitergezählt, bis die Zahl der größeren Menge erreicht ist. Beim Weiterzählen wird mithilfe der Finger oder anderer Hilfsmittel die Differenz zwischen den beiden Mengen festgehalten. Schließlich wird diese Differenz (z. B. anhand der Finger) noch einmal gezählt und so das Ergebnis ermittelt. In diesem Fall wird nicht teilvorstellend gerechnet. Schüler, die die Aufgaben **rechnen** (erfahrungsgemäß ist dies der kleinere Teil der Schüler einer Förderschule für geistige Entwicklung), können die nachfolgenden Lernschritte wie beschrieben bewältigen. Für sie ist es kein Problem, dass beide Mengenoperationen (Erweitern / Vermindern) in einem Lernschritt eingeführt werden. Im Grunde handelt es sich sowohl beim Erweitern als auch beim Vermindern um den gleichen Vorgang: Eine vorgegebene Menge wird an die Zielmenge angeglichen. Bei Schülern, die **abzählend** vorgehen, ist zu überlegen, ob sie zunächst weiter mit konkretem Material (s. Lernziel 12.1) arbeiten, um dadurch doch noch zum Rechnen zu gelangen. Oder sie verbleiben auf der Stufe des Abzählens und lösen die Aufgaben in den nachstehenden Lernschritten – mit entsprechenden Einschränkungen – abzählend. Im letzteren Fall ist es sinnvoll, das Erweitern (Addition) und das Vermindern (Subtraktion) getrennt nacheinander einzuführen. Schüler, die abzählend vorgehen, werden später Rechenoperationen nur in einem für sie gut überschaubaren Zahlenraum (z. B. bis 10 oder 20) sicher durchführen können.	

Lernziel	Lernschritte	Didaktisch-methodische Hinweise	Beispiele für den Unterricht / *Medien*
➜ 12.2 **Die Schüler sollen auf der teilvorstellenden Ebene Rechenoperationen durchführen**	**➜ 12.2.2** **Mengenoperationen (Erweitern/ Vermindern) auf zeichnerischer Ebene**	Die zeichnerischen Mengenoperationen haben zunächst einen stets gleichbleibenden grafischen Aufbau, der einerseits den Schülern durch die klare Kennzeichnung die Orientierung erleichtert und andererseits einen Ersatz für die noch nicht eingeführten Rechenzeichen darstellt. Die Zielmenge wird in einer Denkblase („Wolke“) präsentiert. Diese Menge „wünsche ich mir“, „stelle ich mir vor“, „habe ich mir gedacht“. Daneben sind auf einem 'Teller' die Teilmengen – deutlich voneinander getrennt, nach Möglichkeit in unterschiedlichen Farben – abgebildet. Den zeichnerischen Mengenoperationen sollten jeweils konkret-handelnde Rechenvorgänge mit strukturiertem Material vorangehen, das entsprechend in den vorgegebenen 'Rahmen' gelegt wird. Auch sprachlich sollte ein 'Rahmen' festgelegt werden, der den Schülern die Aufgabenstellung in immer gleichbleibender Weise verdeutlicht. Zuerst wird stets die Zielmenge genannt: „Ich möchte 5 (Punkte) haben.“ Dann wird die vorhandene Teilmenge genannt, „3 sind schon da.“ Damit ist die Aufgabenstellung sprachlich klar umrissen. Als zusätzliche Hilfe kann die Frage gestellt werden, ob zur Ermittlung der anderen Teilmenge hinzugefügt oder weggestrichen werden muss. „Füge dazu! / Streiche weg!“ Es muss immer deutlich werden, dass eine Angleichung der veränderbaren Arbeitsmenge (Teller) an die Zielmenge (Wolke) erfolgen soll. Mithilfe des Blanko-Arbeitsblattes 12.2.2-6 können individuell für einzelne Schüler weitere Aufgaben hergestellt werden.	Zielmenge 1. Teilmenge 2. Teilmenge 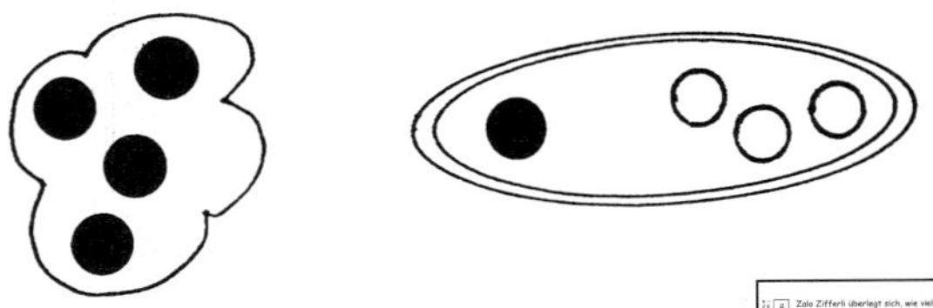 ➜ ARBEITSBLATT 12.2.2-1  Diese Übungen werden zunächst an der *Magnettafel* durchgeführt. Dabei dienen anfänglich *Magnetpunkte* zur Darstellung der Elemente.  „Ich möchte 3 Punkte haben, 1 Punkt ist schon da. Füge dazu!“ (3 = 1 + 2)  „Ich möchte 1 Punkt haben, hier sind aber 5 Punkte. Streiche weg!“ (1 = 5 – 4)  „Ich möchte 4, hier sind 2.“ (4 = 2 + 2) Dann wird nur noch zeichnerisch gearbeitet (hinzumalen, wegstreichen). Die Schüler erhalten Arbeitsblätter mit entsprechenden Aufgaben.

Lernziel	Lernschritte	Didaktisch-methodische Hinweise	Beispiele für den Unterricht / *Medien*
➜ 12.2 **Die Schüler sollen auf der teilvorstellenden Ebene Rechenoperationen durchführen**	**➜ 12.2.2** **Mengenoperationen (Erweitern/ Vermindern) auf zeichnerischer Ebene**	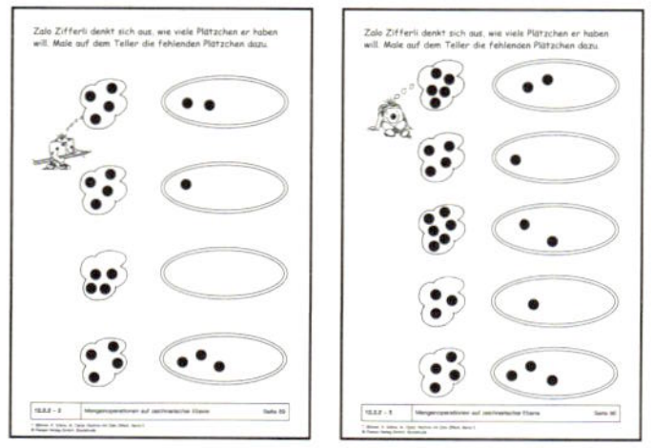	➜ ARBEITSBLATT 12.2.2-2, -3, -4, -5, blanko -6, -7 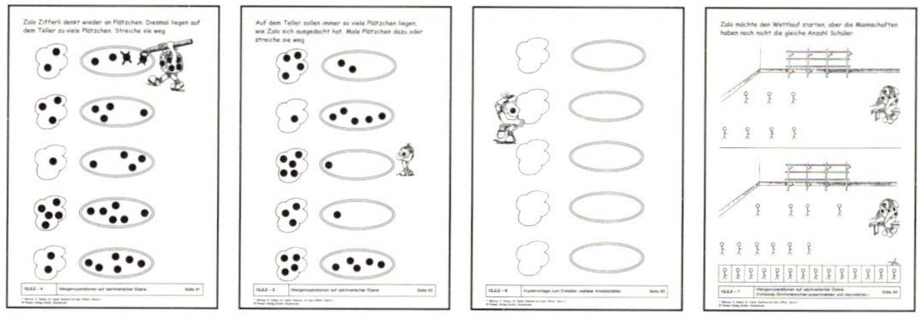 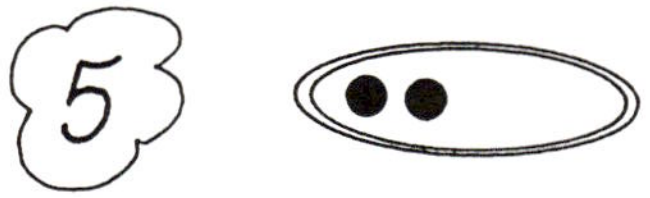
	12.2.3 **Mengenoperationen (Erweitern/ Vermindern) auf zeichnerischer Ebene unter Hinzunahme der Zahlzeichen**	Der Übergang von der Punktmengenebene zur Zahlenebene erfolgt schrittweise: - Zunächst wird nur die Zielmenge durch ein Zahlzeichen ersetzt; eine Teilmenge ist weiterhin als Punktmenge vorgegeben, die andere Teilmenge wird von den Schülern hinzugezeichnet bzw. weggestrichen. Zur Veranschaulichung kann der Angleichungsvorgang in kleine 'Geschichten' eingekleidet werden. Zum Beispiel: „5 Kinder sollen zum Essen kommen. 2 Kinder sind schon da. Wie viele Kinder müssen noch dazukommen?“ In einem zweiten Schritt werden auch die Teilmengen als Zahlzeichen notiert. Dazu wird der bekannte zeichnerische 'Rahmen' um zwei kleine Quadrate erweitert.	➜ ARBEITSBLATT 12.2.3-1 bis -5 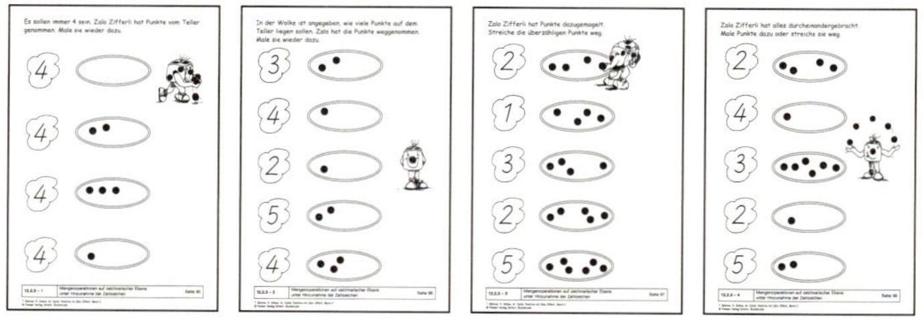 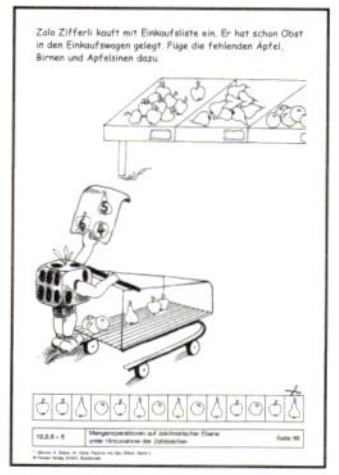 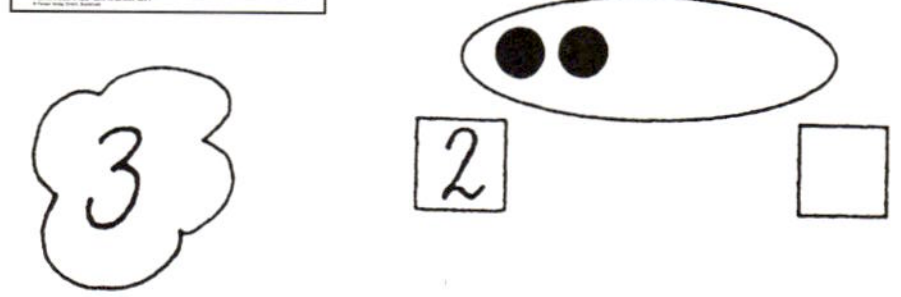

Lernziel	Lernschritte	Didaktisch-methodische Hinweise	Beispiele für den Unterricht / *Medien*
→ **12.2** **Die Schüler sollen auf der teilvorstellenden Ebene Rechenoperationen durchführen**	→ **12.2.3** **Mengenoperationen (Erweitern/ Vermindern) auf zeichnerischer Ebene unter Hinzunahme der Zahlzeichen**	Schüler, die Schwierigkeiten haben, die Zahlzeichen zu schreiben, können ggf. mit *Zahlenstempeln* arbeiten. Eigentlich könnten die Schüler schon jetzt ausschließlich mit Zahlzeichen operieren. Dies ist aber aufgrund der noch fehlenden Rechenzeichen nicht möglich. Deshalb werden bis zum Lernschritt 12.3 die Teilmengen stets auch als Punktmengen dargestellt. Es ist jetzt aber nicht mehr unbedingt notwendig, dass die Schüler die Punktmengen in die Arbeitsblätter einzeichnen. Wenn die Schüler die vorstehenden Aufgaben sicher bewältigen, kann nun verdeutlicht werden, dass sich die Rechenoperation nicht verändert, wenn die Zielmenge und die beiden Teilmengen anders angeordnet sind. Hierzu werden die Plätze des Tellers und der Wolke getauscht. Bevor mit den Schülern der nächste Schritt geübt wird, ist auch hier darauf zu achten, dass die vorangegangenen Mengenoperationen sicher bewältigt werden. Die Aufgabenstellung wird jetzt abgewandelt, indem beide Teilmengen vorgegeben werden und die Zielmenge gesucht wird. Diese Umkehrung soll noch einmal verdeutlichen, dass Teil- und Zielmengen in einer festgelegten Beziehung zueinander stehen. * Außerdem wird damit das gängige Schema eingeführt.	→ ARBEITSBLATT 12.2.3-6 bis -10 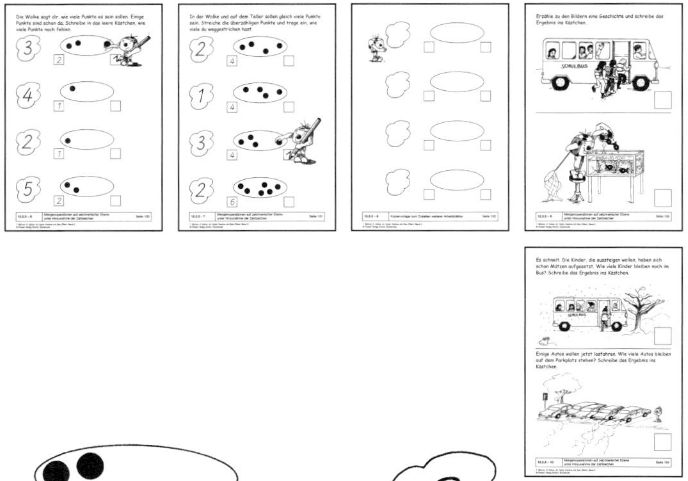 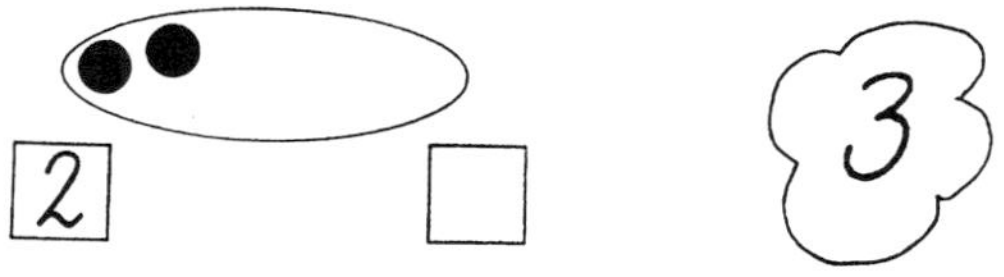 (2 + 1 = 3) → ARBEITSBLATT 12.2.3-11, -12 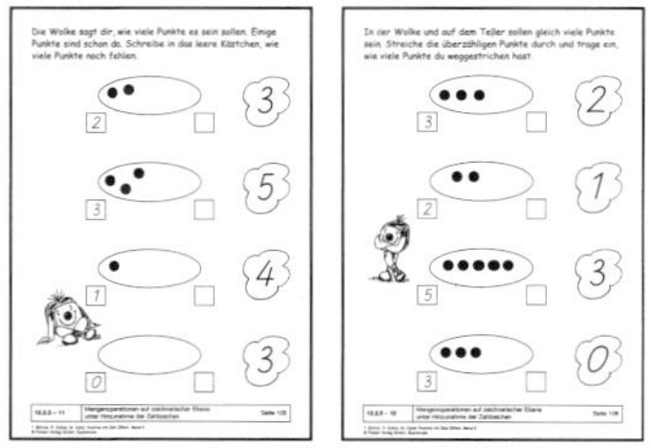 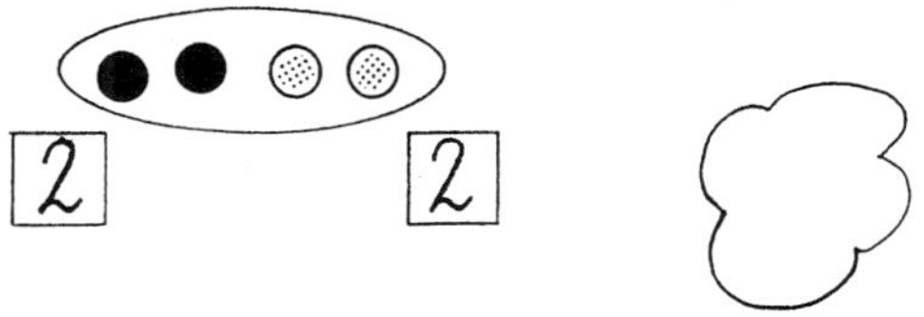 (2 + 2 = 4)

Lernziel	Lernschritte	Didaktisch-methodische Hinweise	Beispiele für den Unterricht / *Medien*
→ 12.2 **Die Schüler sollen auf der teilvorstellenden Ebene Rechenoperationen durchführen**	**→ 12.2.3** **Mengenoperationen (Erweitern/ Vermindern) auf zeichnerischer Ebene unter Hinzunahme der Zahlzeichen**	* Einem Teil der Schüler gelingt es erfahrungsgemäß nicht, die Erkenntnis der Umkehrbarkeit von Rechenoperationen zu erlangen. Hier ist in jedem Einzelfall zu entscheiden, inwieweit es für den Schüler sinnvoll ist, die nachstehenden Lernschritte zu bearbeiten. Die Schüler sollen den Rechenvorgang nach Möglichkeit sprachlich begleiten. Z. B.: „Hier waren 3 Punkte. 2 Punkte sind dazugekommen. Jetzt sind es 5 Punkte.“	→ ARBEITSBLATT 12.2.3-13, -14 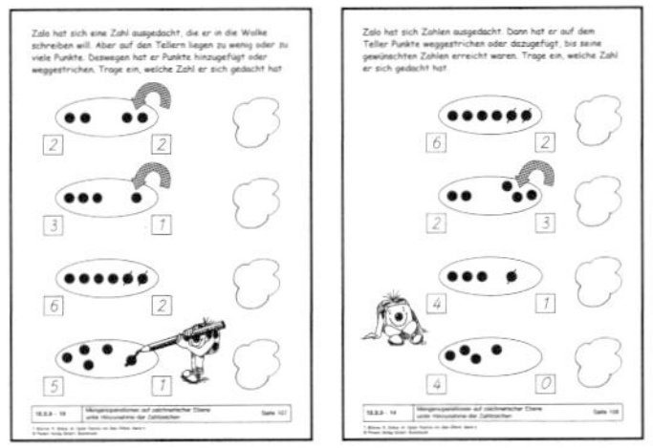
	12.2.4 **Einführung der Rechenzeichen** **+ DAZU und** **– WEG**	Die Rechenzeichen + Plus und – Minus geben Anweisung, ob eine Menge erweitert oder vermindert werden soll. Die Zeichen + und – sind durch Konvention festgelegt. Die Schüler müssen diese Bedeutung auswendig lernen: eine sachlogische Erklärung hierzu gibt es nicht. Anschauliche „Eselsbrücken“ können den Schülern helfen, sich die Bedeutung der Zeichen besser zu merken: Das + Pluszeichen kann mit dem Bild von zwei aneinandergekoppelten Eisenbahnwaggons verdeutlicht werden. 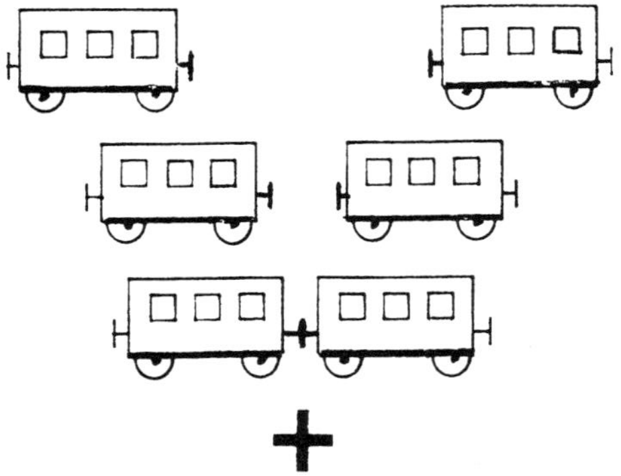	„Auf dem Gleis steht ein Eisenbahnwaggon. Ein anderer Waggon kommt dazu. Die Waggons werden aneinandergekoppelt. Die Kupplung der beiden Waggons sieht aus wie ein Kreuz. Dieses Zeichen nehmen wir für jede Aufgabe, bei der etwas dazugefügt wird.“

Lernziel	Lernschritte	Didaktisch-methodische Hinweise	Beispiele für den Unterricht / *Medien*
→ 12.2 **Die Schüler sollen auf der teilvorstellenden Ebene Rechenoperationen durchführen**	**→ 12.2.4** **Einführung der Rechenzeichen** **+ DAZU und** **– WEG**	Benannt wird das + Zeichen als DAZU-Zeichen. Dieser Name wurde gewählt, weil er exakt die Tätigkeit beschreibt, die das Zeichen einfordert. Die Bezeichnungen 'Plus' oder 'Und' werden vorerst nicht verwendet, es sei denn, die Schüler kennen diese Begriffe schon und benutzen sie entsprechend. Benannt wird das – Zeichen als WEG-Zeichen. Dieser Name wurde gewählt, weil er exakt die Tätigkeit beschreibt, die das Zeichen anordnet. Die Bezeichnungen 'Minus' oder 'Weniger' werden vorerst nicht verwendet, es sei denn, die Schüler kennen diese Begriffe schon und benutzen sie entsprechend. Das – WEG-Zeichen kann mit der 'Eselsbrücke' vom Wurstabschneiden verdeutlicht werden. 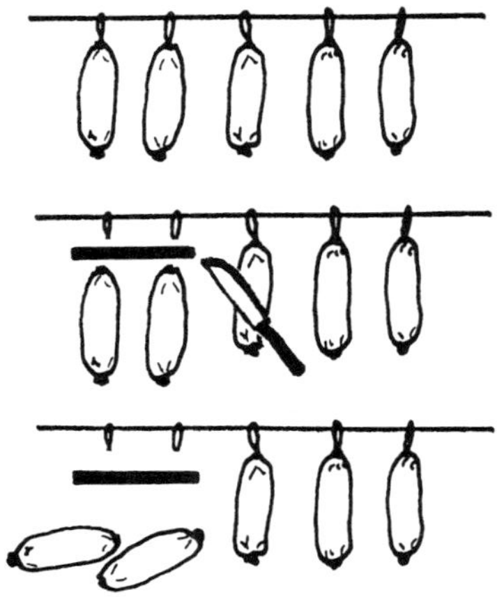 Auch das Durchstreichen der Elemente bei den Mengenoperationen kann jeweils als „weg(-streichen)" bezeichnet werden, um so die Bedeutung des Zeichens zu verdeutlichen. Die Zeichen + und – werden eingeführt, indem sie in das bekannte Schema für die Mengenoperationen eingefügt werden. So entsteht aus diesem Schema nach und nach eine geschriebene Additions- bzw. Subtraktionsaufgabe.	„Der Metzger schneidet Würste ab. Dabei macht er mit dem Messer eine Bewegung, die wie ein Strich aussieht. Dieses Zeichen nehmen wir für jede Aufgabe, bei der etwas weggenommen wird." 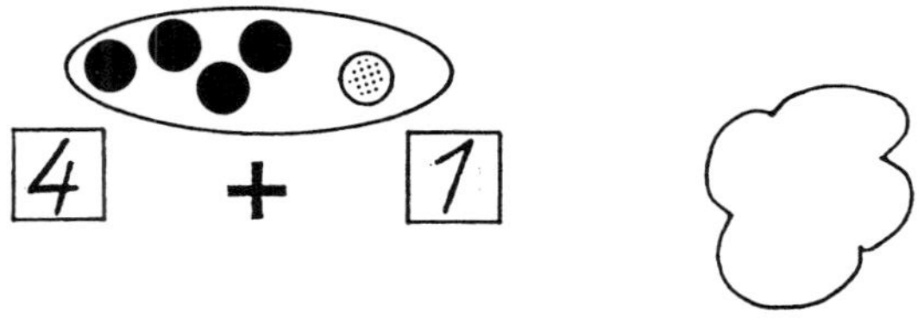 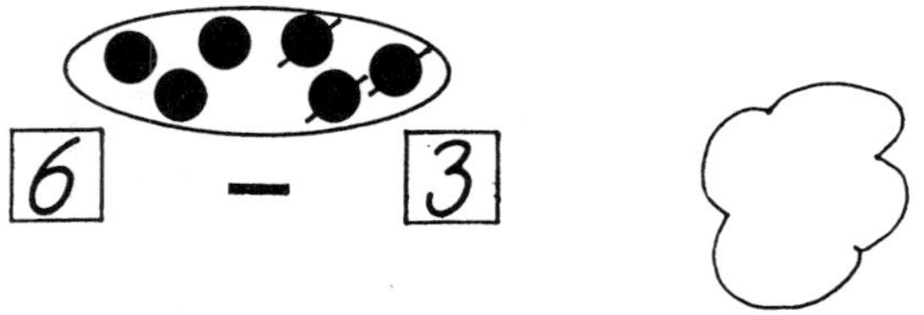

Lernziel	Lernschritte	Didaktisch-methodische Hinweise	Beispiele für den Unterricht / *Medien*
→ 12.2 **Die Schüler sollen auf der teilvorstellenden Ebene Rechenoperationen durchführen**	**12.2.5** **Mengenoperationen (Erweitern/ Vermindern) auf zeichnerischer Ebene unter Hinzunahme der Rechenzeichen + DAZU und – WEG**	Zunächst werden Aufgaben aus Lernschritt 12.2.3 wiederholt; bei der Darstellung der Mengenoperationen ist jetzt ein Rechenzeichen zwischen den beiden Teilmengen eingefügt. Um die Bedeutung der Zeichen + DAZU und – WEG zu festigen, ist es wichtig, dass sie bei jeder Mengenoperation korrekt benannt werden. Dann sollen die Schüler die entsprechenden Rechenzeichen in Gleichungen einsetzen. Hierbei kann kontrolliert werden, ob die Schüler die Bedeutung der Rechenzeichen + und – verstanden haben.	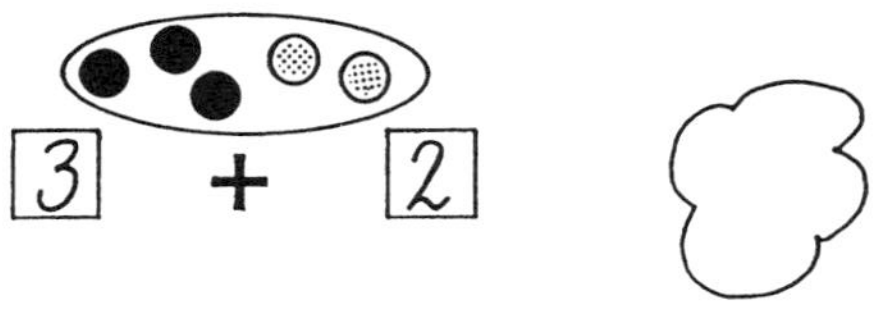 (3 + 2 = 5) „Hier sind drei. Dazu zwei. Zusammen sind es fünf.“ → ARBEITSBLATT 12.2.5-1, -2, -3 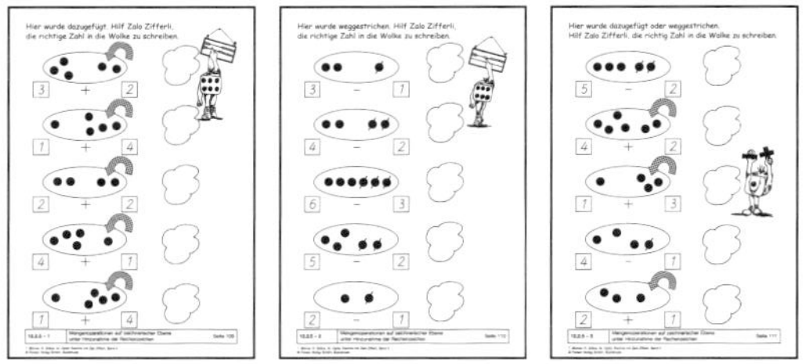 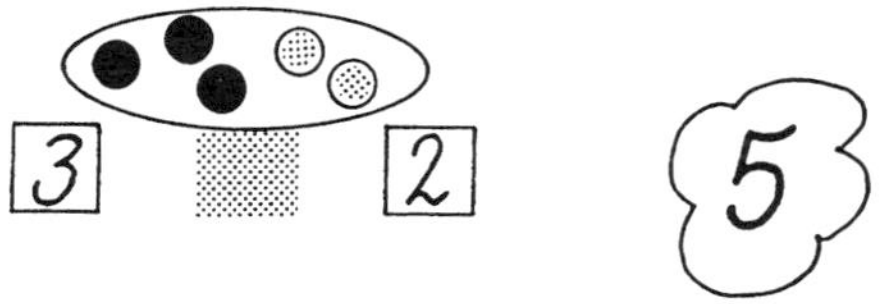 (3 + 2 = 5) „Trage das passende Rechenzeichen ein.“ → ARBEITSBLATT 12.2.5-4, blanko -5, -6 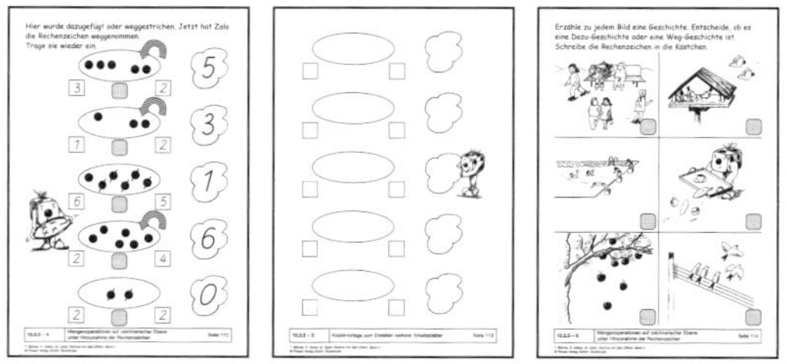

Lernziel	Lernschritte	Didaktisch-methodische Hinweise	Beispiele für den Unterricht / *Medien*
➜ 12.2 **Die Schüler sollen auf der teilvorstellenden Ebene Rechenoperationen durchführen**	**12.2.6** **Einführung der Rechenzeichen = IST GLEICH und ≠ IST NICHT GLEICH**	Das Zeichen = IST GLEICH soll nicht in der Bedeutung eines Ergebniszeichens (3 + 2 ergibt/ist 5) eingeführt werden, sondern als <u>Gleichheitszeichen</u>, das besagt, dass zwei Mengen die gleiche Mächtigkeit haben. Aus diesem Grund wird auch das Zeichen ≠ IST NICHT GLEICH als <u>Ungleichheitszeichen</u> eingeführt, obwohl es kaum lebenspraktische Relevanz hat. Auch durch die Benennung der Zeichen soll deutlich werden, dass hier zwei Mengen bezüglich ihrer Mächtigkeit miteinander verglichen werden. Gebräuchliche andere Benennungen wie „ist“, „sind“, „macht“, „ergibt“ werden zunächst nicht benutzt. Die Bedeutung dieser Zeichen muss wieder auswendig gelernt werden, da es keinen sachlogischen Zusammenhang zwischen den Zeichen und ihrer Bedeutung gibt. Eingeführt werden die Zeichen, indem zwei Punktmengen miteinander verglichen und durch die Zeichen IST GLEICH oder IST NICHT GLEICH gekennzeichnet werden. Mengenvergleiche sind den Schülern aus vorangegangenen Lernschritten bekannt, sodass hier nur die Zeichen neu hinzukommen. Wichtig ist, dass die dargestellten Mengen klar voneinander abgegrenzt sind, indem sie auf zwei Tellern o. ä. präsentiert werden.	„Wir lernen noch ein Rechenzeichen kennen. Es bedeutet, dass auf beiden Tellern gleich viele Dinge sind. Dann sagen wir: ‘Ist gleich’. Wenn auf den Tellern nicht gleich viele Teile sind, streichen wir das Zeichen durch.“ 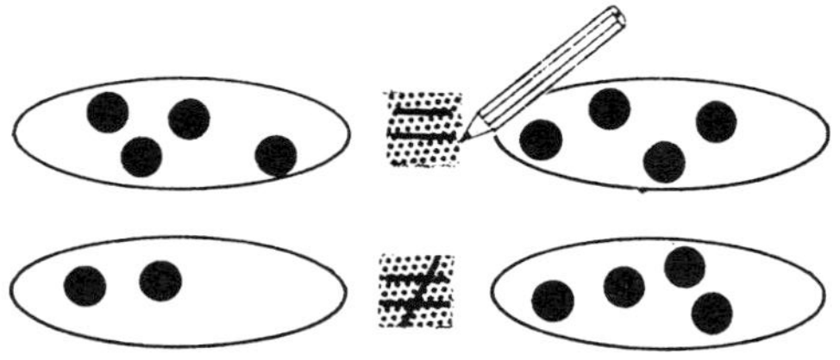 An der *Tafel* oder *Magnettafel* werden jeweils zwei Punktmengen dargestellt. Die Schüler vergleichen die Mengen miteinander und setzen das entsprechende Zeichen ein. ➜ ARBEITSBLATT 12.2.6-1 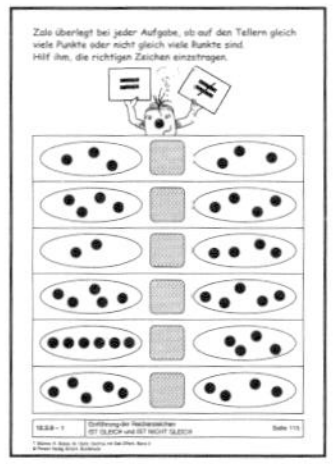

Lernziel	Lernschritte	Didaktisch-methodische Hinweise	Beispiele für den Unterricht / *Medien*
➜ 12.2 **Die Schüler sollen auf der teilvor-stellenden Ebene Rechenoperatio-nen durchführen**	**➜ 12.2.6** **Einführung der Rechenzeichen** **= IST GLEICH und ≠ IST NICHT GLEICH**	Wenn die Bedeutung der Zeichen = und ≠ gefestigt ist, wird beim Mengenvergleich mit Zahlzeichen gearbeitet. Die Punktmengen sind eine zusätzliche Hilfestellung, die langsam abgebaut werden kann.	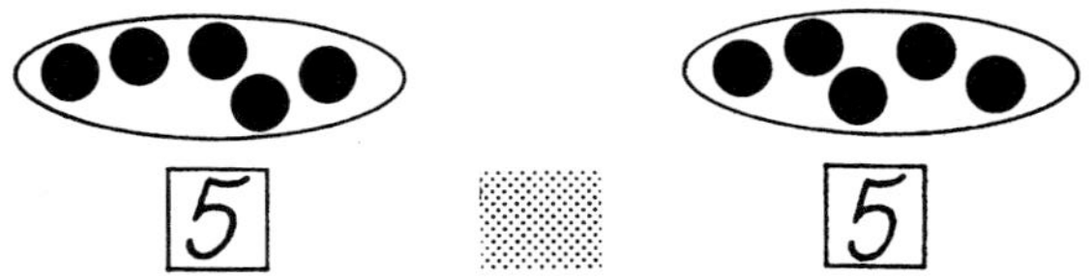 ➜ ARBEITSBLATT 12.2.6-2 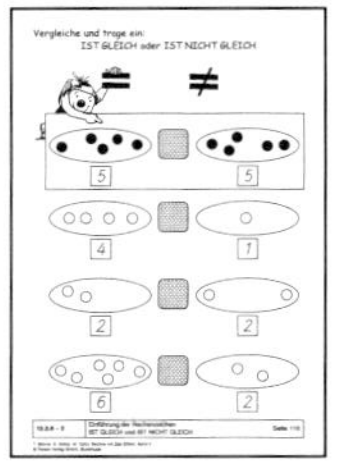
		Schließlich wird das Zeichen = IST GLEICH in das für Rechenoperationen bekannte Schema eingefügt.	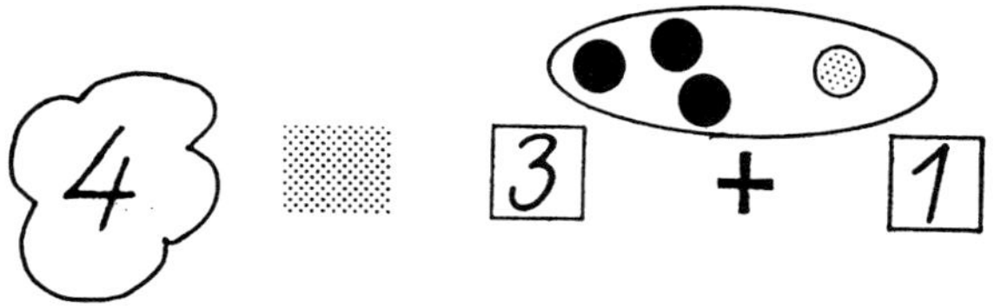 ➜ ARBEITSBLATT 12.2.6-3 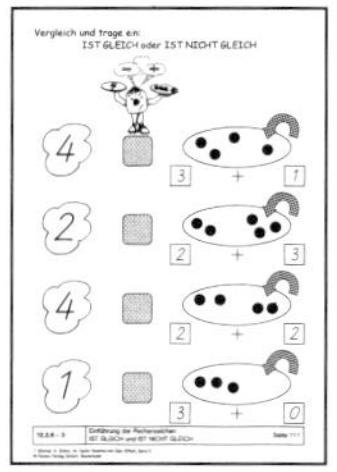

Lernziel	Lernschritte	Didaktisch-methodische Hinweise	Beispiele für den Unterricht / *Medien*
12.3 **Die Schüler sollen auf der Zahlenebene Rechenoperationen durchführen**	**12.3.1** **Zahlenoperationen in Verbindung mit Mengenoperationen**	Jetzt werden zahlreiche Additions- und Subtraktionsaufgaben bearbeitet, die in dem bekannten Schema dargestellt sind. Dabei werden die anschaulichen Hilfen (Punktmengen) schrittweise abgebaut. Die Darstellung der Punktmengen dient zunehmend nur noch als visuelle Rechenhilfe. Um die Struktur der zu lösenden Aufgaben für den Schüler leichter durchschaubar zu machen, wird - <u>die Zielmenge ans Ende gestellt,</u> wenn beide Teilmengen vorgegeben sind und die Zielmenge ermittelt werden soll. Beispiele: 4 + 2 = ? 6 – 4 = ? - <u>die Zielmenge nur noch vorangestellt,</u> wenn sie vorgegeben ist und eine der Teilmengen ermittelt werden soll. Beispiele: 5 = 1 + ? 5 = ? + 4 2 = 5 – ? Zum schrittweisen Abbau der Punktmengendarstellungen werden zunächst die Teilmengen nicht mehr unterschiedlich gekennzeichnet. Auf dem Teller liegen jeweils so viele Punkte, wie die größte in der Rechenoperation vorkommende Zahl vorgibt.	➜ ARBEITSBLATT 12.3.1-1 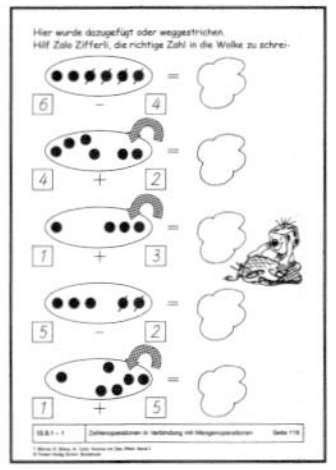 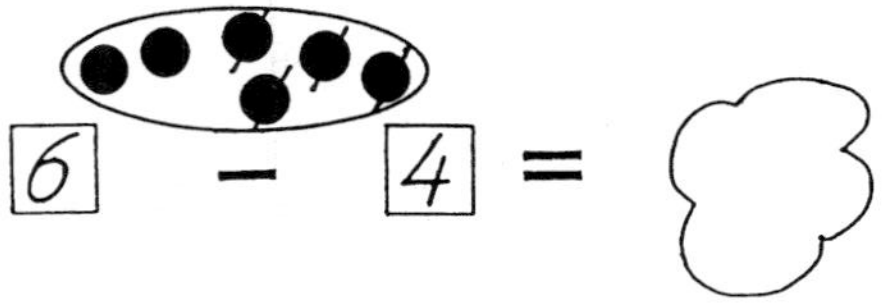 (6 – 4 = 2) 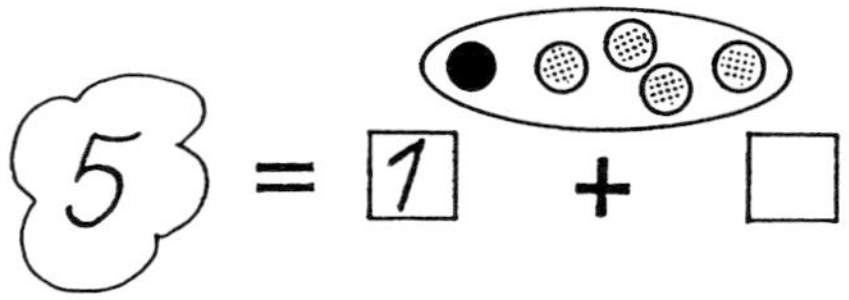 (5 = 1 + 4) 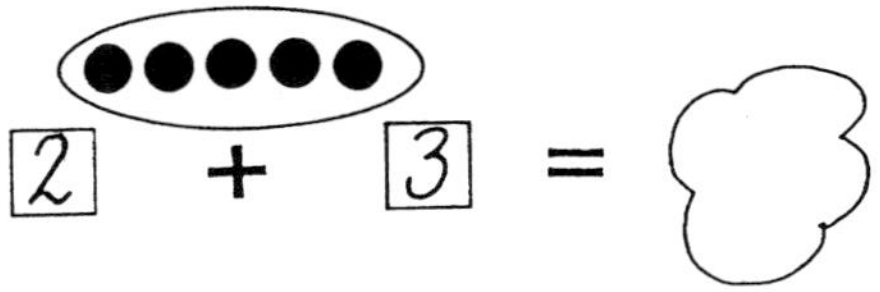 (2 + 3 = 5) ➜ ARBEITSBLATT 12.3.1-2 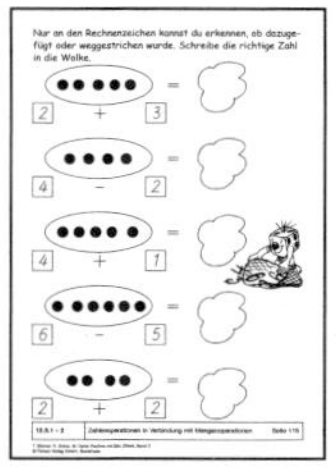

Lernziel	Lernschritte	Didaktisch-methodische Hinweise	Beispiele für den Unterricht / *Medien*
→ 12.3 **Die Schüler sollen auf der Zahlenebene Rechenoperationen durchführen**	**→ 12.3.1** **Zahlenoperationen in Verbindung mit Mengenoperationen**	Dann wird der Teller mit den Punktmengen kleiner dargestellt und schließlich ganz weggelassen.	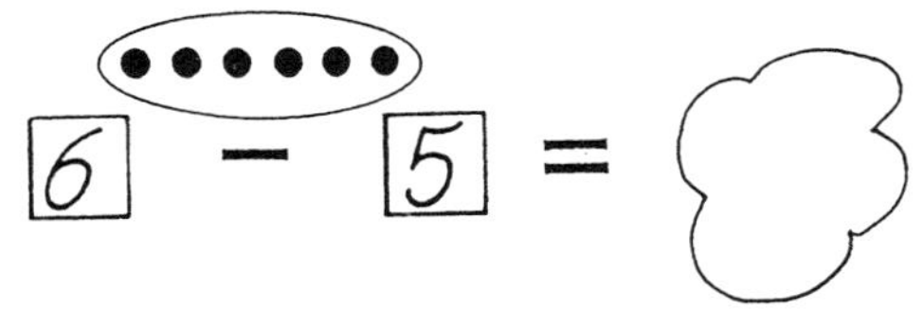 (6 – 5 = 1) → ARBEITSBLATT 12.3.1-3, -4, -5 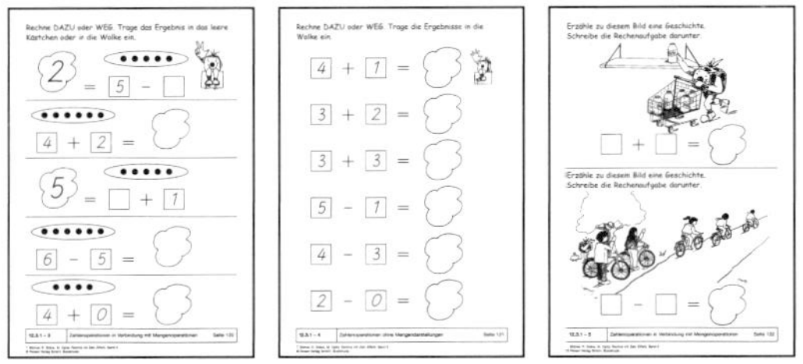
		Sofern die Schüler jetzt noch konkreter Hilfen bedürfen, bietet sich eine *Rechenkette* mit 10 Perlen an, mit deren Hilfe die Schüler die für die Aufgabe benötigten Teilmengen zunächst selbst herstellen müssen.	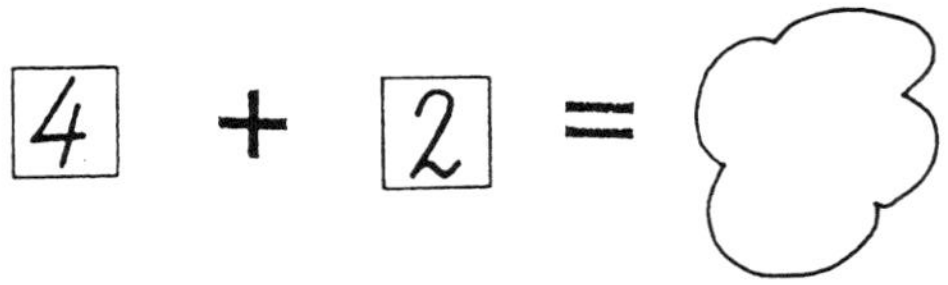 (4 + 2 = 6) 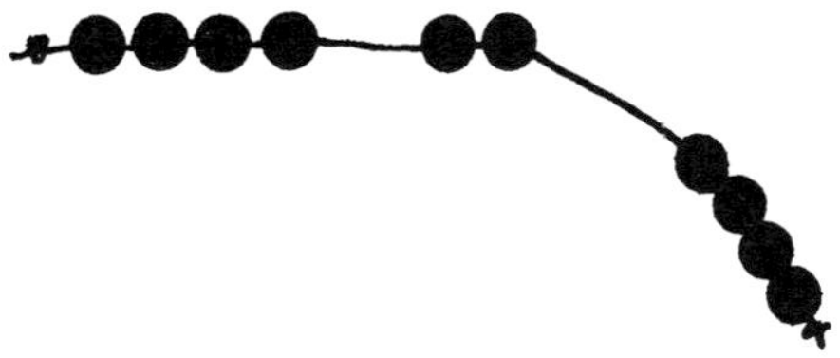
	12.3.2 **Zahlenoperationen im Zahlenraum bis 6**	In diesem Lernschritt führen die Schüler vollständig vorstellend Rechenoperationen durch. Anschauliche Hilfen sind weitgehend abgebaut. * * Ein Teil der Schüler wird die Ebene der reinen Zahlenoperationen (vollständig vorstellende Operationen) nicht erreichen. Für den Alltag notwendige Rechenoperationen müssen von diesen Schülern abzählend mit Fingerhilfe oder anderen Zählhilfen (also auf der Ebene des Lernziels 12.2) ausgeführt werden.	

Lernziel	Lernschritte	Didaktisch-methodische Hinweise	Beispiele für den Unterricht / *Medien*
→ 12.3 **Die Schüler sollen auf der Zahlenebene Rechenoperationen durchführen**	→ 12.3.2 **Zahlenoperationen im Zahlenraum bis 6**	Zahlen und deren Teilmengenbeziehungen (z. B.: 6 = 5 + 1 oder 1 + 5 oder 4 + 2 oder 2 + 4 oder 3 + 3) werden als gleichwertig kennengelernt und verinnerlicht. Hierzu bedarf es eines intensiven Trainings. Um die Schüler zum Üben zu motivieren, werden die Rechenoperationen zunächst in Spielhandlungen eingebunden.	Zum Üben eignen sich selbst erstellte *Zahlen- und Aufgabenkärtchen,* die jeweils passend zusammengelegt werden sollen. Folgende Schwierigkeitsgrade sind möglich: Frage: → Antwortbeispiel: [4] Zahl → [1 + 3] Addition [5] Zahl → [6 − 1] Subtraktion [3 + 1] Addition → [4] Zahl [3 − 2] Subtraktion → [1] Zahl [5] Zahl → [3 + 2] oder [6 − 1] Addition oder Subtraktion [2 + 2] Addition → [3 + 1] Addition [3 + 2] Addition → [4 + 1] oder [6 − 1] Addition oder Subtraktion [6 − 4] Subtraktion → [1 + 1] oder [3 − 1] Addition oder Subtraktion

Lernziel	Lernschritte	Didaktisch-methodische Hinweise	Beispiele für den Unterricht / *Medien*
→ 12.3 **Die Schüler sollen auf der Zahlenebene Rechenoperationen durchführen**	**→ 12.3.2** **Zahlenoperationen im Zahlenraum bis 6**	Kopfrechenübungen Die Schüler sollen erkennen, dass einem Ergebnis verschiedene Aufgaben zugeordnet werden können: 4 = 3 + 1 4 = 6 – 2 4 = 2 + 2 4 = 5 – 1 Nach diesen Vorübungen werden Additions- und Subtraktionsaufgaben in herkömmlicher Schreibweise gelöst. Zunächst kann hier noch der bekannte 'Rahmen' aus Lernschritt 12.3.1 als Hilfestellung dienen. Für weitere Übungen kann jetzt auf eingeführte Rechenbücher zurückgegriffen werden. Das Werk von R. KUTZER *Mathematik entdecken und verstehen* (Band 2 und folgende) baut direkt auf die hier bisher durchgeführten Lernschritte auf (siehe nachstehende Literaturhinweise).	Die Schüler erhalten je nach Schwierigkeitsgrad die entsprechenden *Zahlen- und Aufgabenkärtchen* und führen die Übungen in Partnerarbeit durch. Zusätzlich kann ein dritter Schüler als „Schiedsrichter" mitspielen, der jeweils zwischen Aufgabe und Antwort das Zeichen = IST GLEICH oder ≠ IST NICHT GLEICH legt. CD Spiel 17: Rechenspiele CD Spiel 18: Schnellrechner CD Spiel 19: Wir suchen die passenden Aufgaben

Hinweise

Hinweise auf weitere Materialien und Medien zum Bereich RECHENOPERATIONEN, die im Rahmen dieses Konzeptes (ausschnittweise) eingesetzt werden können

BESKE, WALTER
Rappelkiste – das Übungsmittel zur Zerlegung im Zahlenraum bis 20
Beenen Verlag, Art.Nr. 0562

Mini-Lük, Addieren und Kombinieren, ISBN: 978-3-89414-257-9
Mini-Lük, Addition und Subtraktion, ISBN: 978-3-89414-277-3
Mini-Lük, Ergänzen und Ersetzen, ISBN: 978-3-89414-278-0

KUTZER, REINHARD
Mathematik entdecken und verstehen, Schülerband 2
Diesterweg, ISBN 978-3-425-02458-2

Schüttelbox, Holzkästchen, Plexiglasschieber, blaue Perlen
VLS-Verlag, Donauwörth, Art.Nr. V 12057

Wendeplättchen rot/gelb, durch hohe Helligkeitsunterschiede für Schüler mit Farbsehschwächen besonders zu empfehlen,
aus Hart-PVC, rund, Durchmesser 20 mm. Starke 2 mm.
Art. Nr. 11-015 Wendeplättchea rot/gelb 100 Stück
Art. Nr. 11-016 Wendeplättchen rot/gelb 50 Stück
Lydia Kutzer Verlag und Vertrieb von Lehr-, Lern- und Arbeitsmitteln

Wendeplättchen aus Kunststoff rot/blau,
ø 25 mm, Beenen Verlag, Art.Nr. 711-427

Wendeplättchen, Lehrer
Plättchen zum Wenden zur Demonstration an der Magnettafel, Durchmesser 4 cm
Klett Verlag, ISBN 978-3-12-199059-7

13 Einführung weiterer Zahlen

Liebe Eroberer!

Nachdem wir uns mühsam bis zum letzten Kapitel vorgekämpft haben, können wir jetzt expandieren. Zunächst erweitern wir um die Ziffern 7, 8, 9 und 10. Und dann steht uns – zumindest theoretisch – der gesamte weitere Zahlenraum zur Eroberung offen. Aber Halt, Ordnung muss sein! Deshalb wollen wir zwischendurch auch das Land der Ordinalzahlen erobern.

Mit zahlreichen Grüßen
Euer Zalo Zifferli

Lernziel	Lernschritte	Didaktisch-methodische Hinweise	Beispiele für den Unterricht / *Medien*
13.1 **Die Schüler sollen ihren Zahlenraum erweitern**	**13.1.1** **Einführung der Zahlen 7 bis 10***	Schrittweise wird der Zahlenraum jetzt über 6 hinaus erweitert. Die neuen Zahlen werden so eingeführt, wie im Lernziel 11.2 beschrieben (vgl. S. 21 ff.). Dann werden unter Hinzunahme der neu eingeführten Zahlen Mengen- und Zahlenoperationen durchgeführt, wie in den Lernzielen 12.2 und 12.3 beschrieben (vgl. Seite 54 ff.). Hierbei kann nach dem Unterrichtswerk von R. KUTZER *Mathematik entdecken und verstehen, Band 2,* vorgegangen werden. (Siehe Literaturhinweise auf Seite 70.)	CD ➜ ARBEITSBLATT 13.1.1-1a, -1b, -1c, -2a, -2b, -2c, -3a, -3b, -3c
	13.1.2 **Erweiterung des Zahlenraums über 10 hinaus***	Zur Einführung der weiteren Zahlen empfiehlt sich ebenfalls das oben angeführte Unterrichtswerk von *R. KUTZER* (Band 2 ab Seite 41) in Verbindung mit dem vom gleichen Autor entwickelten *Rechenzug*. (Siehe Literaturhinweise auf Seite 70.) * Auch wenn die Schüler nicht in der Lage sind, mit den neu eingeführten Zahlen Rechenoperationen durchzuführen, ist es aus lebenspraktischen Erwägungen heraus (Umgang mit Geld, Uhr, Längenmaße, Waage etc.) für sie wichtig, die Zahlen lesen und nach Möglichkeit in die richtige Reihenfolge bringen zu können.	

Lernziel	Lernschritte	Didaktisch-methodische Hinweise	Beispiele für den Unterricht / *Medien*
13.2 **Die Schüler sollen die Ordinalzahlen verwenden**	**13.2.1** **Einführung der Ordinalzahlen von 1 bis 10**	Die Ordinalzahl (Ordnungszahl) bezeichnet eine bestimmte Position innerhalb einer – in der Regel aus der Sicht des Betrachters – zuvor genau definierten Reihe. (Das 3. Haus in dieser Straße. Der 2. große Bus. Das 1. Mädchen in dieser Reihe.) Das Festlegen und Auffinden solcher Positionen hat vor allem lebenspraktische Bedeutung und dient zur Orientierung in der Umwelt. Die Einführung der Ordinalzahlen erfolgt stets in Anlehnung an konkrete Situationen; zunächst in spielerischer Form. Beim Abzählen ist darauf zu achten, dass stets gesagt wird: „Der Erste, der Zweite" und nicht: „Eins, zwei". Der Punkt hinter der Zahl soll zunächst recht auffällig sein, damit die Schüler den Unterschied zu den bisher bekannten Zahlen erkennen.	Im Klassenraum werden *Stühle* in einer Reihe hintereinander aufgestellt: Die Schüler setzen sich auf die *Stühle* und die Lehrkraft erklärt durch Abzählen jedem Schüler seine Position: „Du bist der Erste, du bist der Zweite ..." Dazu erhält jeder ein *Kärtchen* mit der entsprechenden Ordinalzahl. Mit dieser Anordnung können jetzt vielfältige Übungen durchgeführt werden: - Einzelne Schüler zählen die Reihe erneut ab: „Der Erste, der Zweite, ..." - Die Schüler nennen ihre Sitzposition: „Ich bin der Erste." „Ich bin der Zweite." - Die Schüler stehen auf, belassen die Kärtchen auf den Stühlen, zeigen und sagen: „Dort saß der Erste, dort der Zweite ..." - Die Lehrkraft fragt: „An wievielter Stelle hast du gesessen?" Antwort: „Ich war der Vierte."

Lernziel	Lernschritte	Didaktisch-methodische Hinweise	Beispiele für den Unterricht / *Medien*
13.2 **Die Schüler sollen die Ordinalzahlen verwenden**	**13.2.1** **Einführung der Ordinalzahlen von 1 bis 10**		Dann wird die Übung mit vertauschten Plätzen wiederholt. Schließlich wird mit verdeckten Kärtchen, dann ohne Kärtchen gespielt.
		Nach der Bezeichnung der Position von sichtbaren Elementen in einer Reihe können nicht oder nicht mehr sichbare Elemente oder Ereignisse in eine Reihenfolge gebracht und mittels Ordinalzahlen geordnet werden.	Bei Wettspielen, Wettbewerben etc.: „Franz war der Erste, Uta die Zweite ...“ Beim Lesen des Stundenplans: „In der ersten Stunde hatten wir Sport, in der zweiten Stunde Lesen ...“

Hinweise

Weitere Materialien und Medien zum Bereich EINFÜHRUNG WEITERER ZAHLEN, die im Rahmen dieses Konzeptes (anteilig) eingesetzt werden können

KRENZER, ROLF (Text), EDELKÖTTER, LUDGER (Musik),
Vorhang auf zur Zahlenwahl – Der Wettstreit der Zahlen
Ein Spiel um und mit den Zahlen von 1-10 nach einer Idee von Peter Großmaß
Buch und Musikkassette mit Playback,
KiMu Kinder Musik Verlag GmbH, Aurikelweg 119, 50259 Pulheim
Begleitheft: ISBN 3-936249-51-2, CD: ISBN: 3-936249-52-0

KUTZER, REINHARD
Mathematik entdecken und verstehen, Schülerband 2
Diesterweg Verlag, ISBN 3-425-02458-2

MiniLÜK: Ich lerne rechnen bis 10
ISBN: 978-3-89414-272-8

Rechenkette, 10 rote und 10 blaue Holzperlen
VLS-Verlag, Art. Nr. V12031

Rechenzug farbig nach Prof. Dr. R. Kutzer.
Art.-Nr. 10-001,
Lok und 10 Hagen aus Buchenholz;
10 Blöcke in rot, jedoch eine Fläche grün mit 10 „Kisten" eingeritzt;
110 grüne „Kisten" (Würfel).
Lydia Kutzer Verlag

Zahlenkärtchen 0 bis 10
Lydia Kutzer Verlag, Art. Nr. 11-002

Zahlenkärtchen 0 bis 100
Lydia Kutzer Verlag, Art. Nr. 11-001

Zahlen- und Mengenpuzzle, Holztafeln im Holzkasten
Beenen Verlag, Art. Nr. 707-051

Abaco 20 Modell B 5/5, Kugeln versetzt rot/weiß
Schubi Verlag, Art. Nr. 22410B

Doppelwürfel
VLS Verlag, Art. Nr. V12130

Literaturhinweise

Mathematikunterricht an Förderschulen

BLÜMER, THEO / OPITZ, MATTHIAS / GRÄVE, ROBERT,
Zahlen mit Zalo Zifferli, Umgang mit dem Euro – Förderschule
Horneburg 2007, Persen Verlag GmbH, ISBN 978-3-8344-3893-5

Claus, Heidrun/Peter, Jochen/Gründler, Albrecht
Finger, Bilder, Rechnen-Förderung des Zahlenverständnisses im Zahlenraum bis 10
Vadenhoeck und Ruprecht, ISBN 3-525-46246-8

FREISLEBEN, HERBERT B.. Hrsg.,
Mathematik und Bewegung (Veröffentlichung von drei wissenschaftlichen Hausarbeiten, die Anregungen für den Mathematikunterricht in der Schule für Sprachbehinderte geben.), Würzburg 1999, edition von freisleben, Best. Nr. 1029

HAUG, CHRISTINE / KEUCHEL, BRIGITTE,
Lesen, Schreiben und Rechnen mit geistig Behinderten – Handbuch zur Didaktik der Kulturtechniken,
Diesterweg, ISBN 978-3425018201

REICH, FRANZISKA,
Anbahnung des Zahlbegriffs bei Geistigbehinderten, Reihe: Übungsreihen für Geistigbehinderte
Heft A 8.1: *Theoretische Einführung*, Dortmund 1994, ISBN 978-3-8080-0288-3
Heft A 8.2: *Geistigbehinderte lernen Voraussetzungen zum Zählen* (Reihenbegriff und Zahlbegriff „1“), Dortmund 1994, ISBN 978-3-8080-0289-6
Heft A 8.3: *Geistigbehinderte lernen zählen,* Dortmund 1995, ISBN 978-3-8080-0290-2
verlag modernes lernen

Richtlinien für die Schule mit dem Förderschwerpunkt ganzheitliche Entwicklung und Lehrplan
Ministerium für Bildung, Frauen und Jugend, Rheinland-Pfalz, Mainz 2001

Lehrplan für dem Förderschwerpunkt geistige Entwicklung
Bayerisches Staatsministerium für Unterricht und Kultus, München 2003

Glossar

Um Kollegen, die fachfremd Mathematikunterricht erteilen, den Zugang zu diesem Unterrichtswerk zu erleichtern, haben wir uns bemüht, weitgehend auf mathematische Fachausdrücke zu verzichten. Unverzichtbare fachspezifische Termini werden nachstehend erklärt. Die Erläuterungen erheben nicht in jedem Fall den Anspruch einer exakten bzw. vollständigen mathematischen Definition, sondern dienen in erster Linie dem Verständnis der Begriffe im Rahmen dieses Unterrichtswerks.

Anordnung von Elementen einer Menge: Um ⇨ Mengen leicht überschaubar und vergleichbar zu machen (wo sind mehr, wo sind weniger ⇨ Elemente?), müssen sie zunächst übersichtlich angeordnet werden. Mit zunehmendem Abstraktionsgrad des Rechenlehrgangs wird diese Anordnung wieder aufgelöst.

linear: 0 0 0 0   0 0   0 0 0   0

gleichgeordnet: 0 0 0 0 0 0 0 0 0 (lineare Anordnung mit gleichen Abständen)

unterbrochen: 0 0 0   0 0 0 0   0   0 0 (lineare Anordnung mit unterschiedlichen Abständen)

flächig:

```
  0 0 0       0
0     0     0
  0     0
```

zwei Mengen in symmetrischer Anordnung:

0 0 0 0 0 0 0 0 0

---

0 0 0 0 0 0 0 0 0

Anzahlinvarianz: Fähigkeit, zu erkennen, dass sich eine ⇨ Menge entgegen dem optischen Eindruck in ihrer Anzahligkeit/Mächtigkeit nicht verändert, wenn die ⇨ Elemente in anderer Anordnung präsentiert werden (Erkenntnis der strukturellen Freiheit). Vgl. auch ⇨ Gestaltinvarianz.

(Einzel-) Elemente: Zu einer ⇨ Menge gehörende Objekte.

Gestaltinvarianz: Fähigkeit, zu erkennen, dass sich eine ⇨ Menge entgegen dem optischen Eindruck in ihrer Anzahligkeit/Mächtigkeit nicht verändert, wenn die ⇨ Elemente in anderer Größe bzw. Form präsentiert werden (Erkenntnis der qualitativen Freiheit). Vgl. auch ⇨ Anzahlinvarianz.

Klasse: Gegenstände oder ⇨ Mengen mit gemeinsamen Merkmalen bilden eine Klasse, z. B. ⇨ Elemente gleicher Größe oder gleicher Farbe, ⇨ Mengen gleicher Mächtigkeit etc.

Glossar

Klassifikation:	Erkenntnis der Zugehörigkeit und die Zuordnung von Gegenständen oder ⇨ Mengen zu einer ⇨ Klasse.
Klassifikation von Mengen:	Zuordnung von ⇨ Mengen zueinander, die die gleiche ⇨ Mächtigkeit aufweisen.
Steigerung der Komplexität:	Der Weg von einfachen und überschaubaren Sachstrukturen und Inhalten hin zu komplexeren/differenzierteren Sachstrukturen und Inhalten.
Lernstrukturgitter:	Siehe ausführliche Hinweise auf Seite 4 und 5.
Mächtigkeit einer Menge:	Sie bezieht sich auf die Anzahl der ⇨ Elemente einer ⇨ Menge. Mengen gleicher Mächtigkeit sind Mengen, die die gleiche Anzahl von Elementen enthalten.
Menge:	Eine durch ihre ⇨ Mächtigkeit definierte Zusammenfassung von ⇨ Einzelelementen.
Mengenschleife:	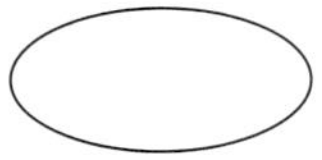 wird in den Arbeitsblättern anschaulicher als 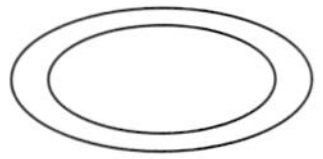 „Teller“ dargestellt und benannt; grafisches Mittel, um die zu einer ⇨ Menge gehörenden ⇨ Elemente zu kennzeichnen.
Steigerung des Niveaus, Niveaustufen:	Der Weg von konkreten Handlungen zu Denkoperationen, wobei auf jeder Stufe neue Erkenntnisse gewonnen werden. Stufenweise Steigerung des Abstraktionsgrades / Schwierigkeitsgrades / Anspruchsniveaus.
Seriation:	Reihung; Ordnen von Gegenständen oder ⇨ Mengen nach festgelegten Gesetzmäßigkeiten. Z. B. Ordnen nach zu-, bzw. abnehmender Größe, 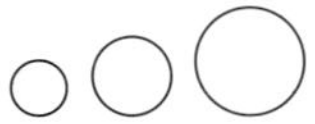 Länge,  Anzahl 
Seriation von Mengen:	Ordnen von ⇨ Mengen nach zu-, bzw. abnehmender ⇨ Mächtigkeit; die Gesetzmäßigkeit der Zahlenreihe wird erarbeitet, indem mit Mengen operiert wird, die jeweils ein ⇨ Element mehr oder weniger als die jeweiligen Nachbarmengen aufweisen. 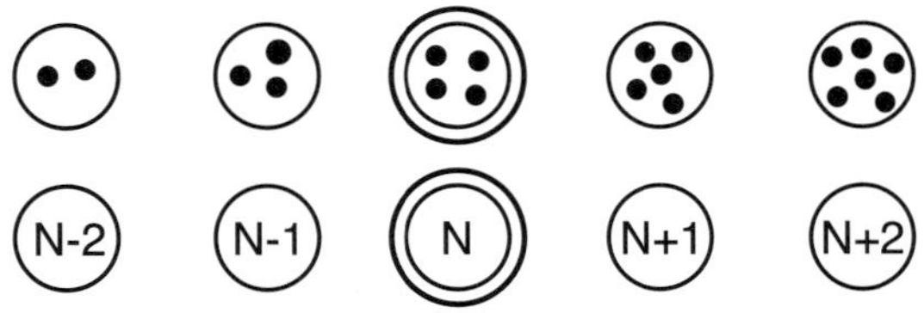

Glossar

Strukturiertes Material:	Didaktisches Material für die Hand der Schüler zum Legen, Ordnen, Sortieren, Abzählen etc. Die einzelnen Gegenstände haben bezogen auf Form und/oder Größe und/oder Farbe exakt gleiche Eigenschaften. Strukturiertes Material sind z. B. Muggelsteine, Wendeplättchen, Dicksche Rechenröllchen, Cuisinairestäbchen, 4er-Duplo-Steine, Formenplättchen, Logische Blöcke, Geoformen etc.
Zahlbegriff:	Er wird definiert durch die ⇨ Mächtigkeit, das ⇨ Zahlwort sowie das ⇨ Zahlzeichen.
Zahlwort:	Benennung einer Zahl (z. B. „drei“).
Zahlzeichen:	Ziffer, schriftliche Darstellung (Graphem) einer Zahl (z. B. 3).
Zuordnung:	Methode, die es ermöglicht, ohne abzuzählen, die ⇨ Mächtigkeit zweier ⇨ Mengen durch 1-zu-l-Zuordnung zu vergleichen. Man unterscheidet, je nachdem wie der Zuordnungsvorgang ausgeführt wird, zwischen ⇨ synchroner Zuordnung, ⇨ asynchroner Zuordnung und ⇨ sukzessiver Zuordnung. Die Zuordnung kann entweder als konkrete Handlung oder auf zeichnerischer Ebene ausgeführt werden.
Zuordnung, **synchron:**	Aus den beiden zu vergleichenden Mengen wird gleichzeitig jeweils ein ⇨ Element genommen und in eine symmetrische ⇨ Anordnung gebracht. (Als Zuordnungshilfe kann ein Raster vorgegeben werden.) 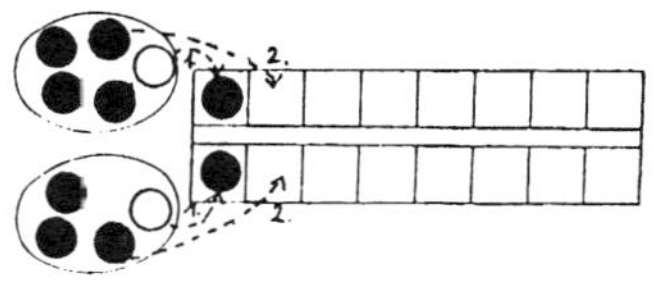 synchrone Zuordnung
Zuordnung, **asynchron:**	Immer abwechselnd wird aus der einen und dann aus der anderen zu vergleichenden Menge jeweils ein ⇨ Element genommen und in eine symmetrische ⇨ Anordnung gebracht. (Als Zuordnungshilfe kann ein Raster vorgegeben werden.) 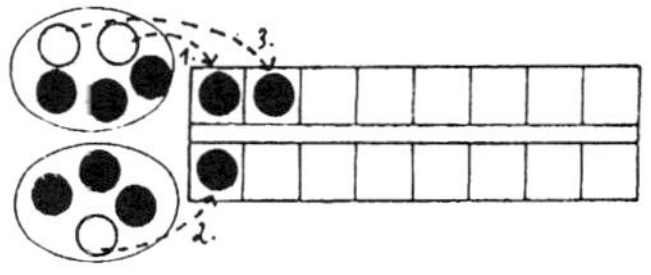 asynchrone Zuordnung
Zuordnung, **sukzessiv:**	Zunächst wird eine Menge in eine ⇨ linear gleichgeordnete Anordnung gebracht, danach wird die andere Menge in eine symmetrische ⇨ Anordnung zur ersten Menge gebracht. (Als Zuordnungshilfe kann ein Raster vorgegeben werden.) 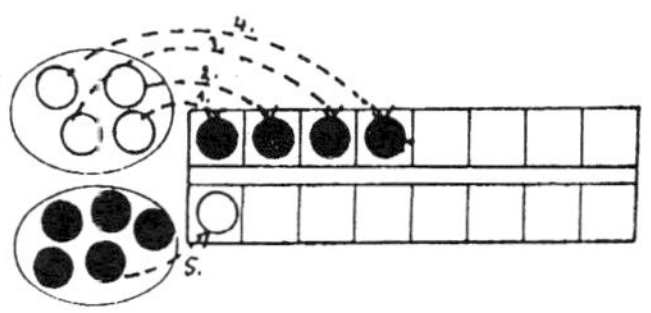 sukzessive Zuordnung

Erklärung der Abkürzungen und Zeichen

kursive Schrift:	Durch die *kursive Schrift* sind in der Spalte „Beispiele für den Unterricht“ die eingesetzten *Medien* und *Materialien* hervorgehoben, die zur Durchführung des Unterrichts benötigt werden.
[in eckigen Klammern]:	In eckige Klammern gesetzt sind **fakultative** Lernziele, Lernschritte und Unterrichtsbeispiele. Bei diesen fakultativen Lerninhalten handelt es sich in der Regel um schwierigere Aufgabenstellungen oder Exkurse, die über die zu vermittelnden Grundlagen hinausgehen. Sie sind als sinnvolles Ergänzungsangebot für leistungsstärkere Schüler gedacht. Schüler, die diese fakultativen Lerninhalte (noch) nicht bewältigen, können trotzdem das danach folgende Lernziel bzw. den danach folgenden Lernschritt bearbeiten.
➔ 6.2 Pfeile vor den Nummern:	Ein Pfeil vor der Nummerierung der Lernziele oder Lernschritte weist darauf hin, dass diese Nummer schon auf der vorangegangenen Seite begonnen hat und hier fortgesetzt wird.
ARBEITSBLATT 6.2.4-2 Nummerierung der Arbeitsblätter:	Anhand der Nummerierung können die Arbeitsblätter den entsprechenden Lernschritten zugeordnet werden. Z. B. gibt die Nummerierung 6.2.4-2 folgende Information: Dieses Arbeitsblatt ist vorgesehen zum Einsatz in Kapitel 6, Lernziel 2, Lernschritt 4. Innerhalb dieses Lernschrittes ist es das 2. Arbeitsblatt, das angeboten wird. (Es gibt zu diesem Lernschritt also noch ein Arbeitsblatt, nämlich 6.2.4-1, das einfacher zu bearbeiten ist.) **HINWEIS:** Die Arbeitsblätter der Lernschritte 11.2.5-1a bis 11.2.5-6c sowie 13.1.1-1a bis 13.1.1-3c befinden sich auf der CD.
„in Anführungszeichen“:	In der Spalte „Beispiele für den Unterricht“ sind mögliche Formulierungen für **konkrete Handlungsanweisungen** an die Schüler durch „Gänsefüßchen“ gekennzeichnet. Um diese Handlungsanweisungen addressatenbezogen zu formulieren, sind sie häufig in kleine Geschichten eingekleidet, z. B. „Wir bauen eine Burg.“
	In der Spalte „Beispiele für den Unterricht“ wird durch dieses Symbol auf Spiele hingewiesen, die zur Vermittlung oder Vertiefung der Unterrichtsinhalte eingesetzt werden können.

Ordne jeder Punktmenge die richtige Zahl zu.

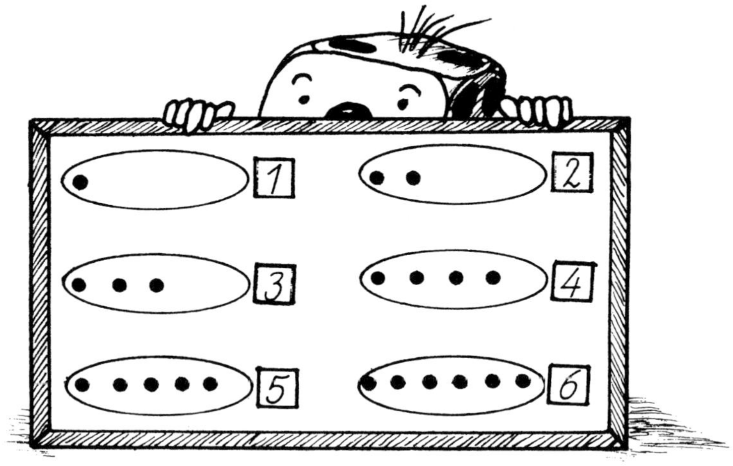

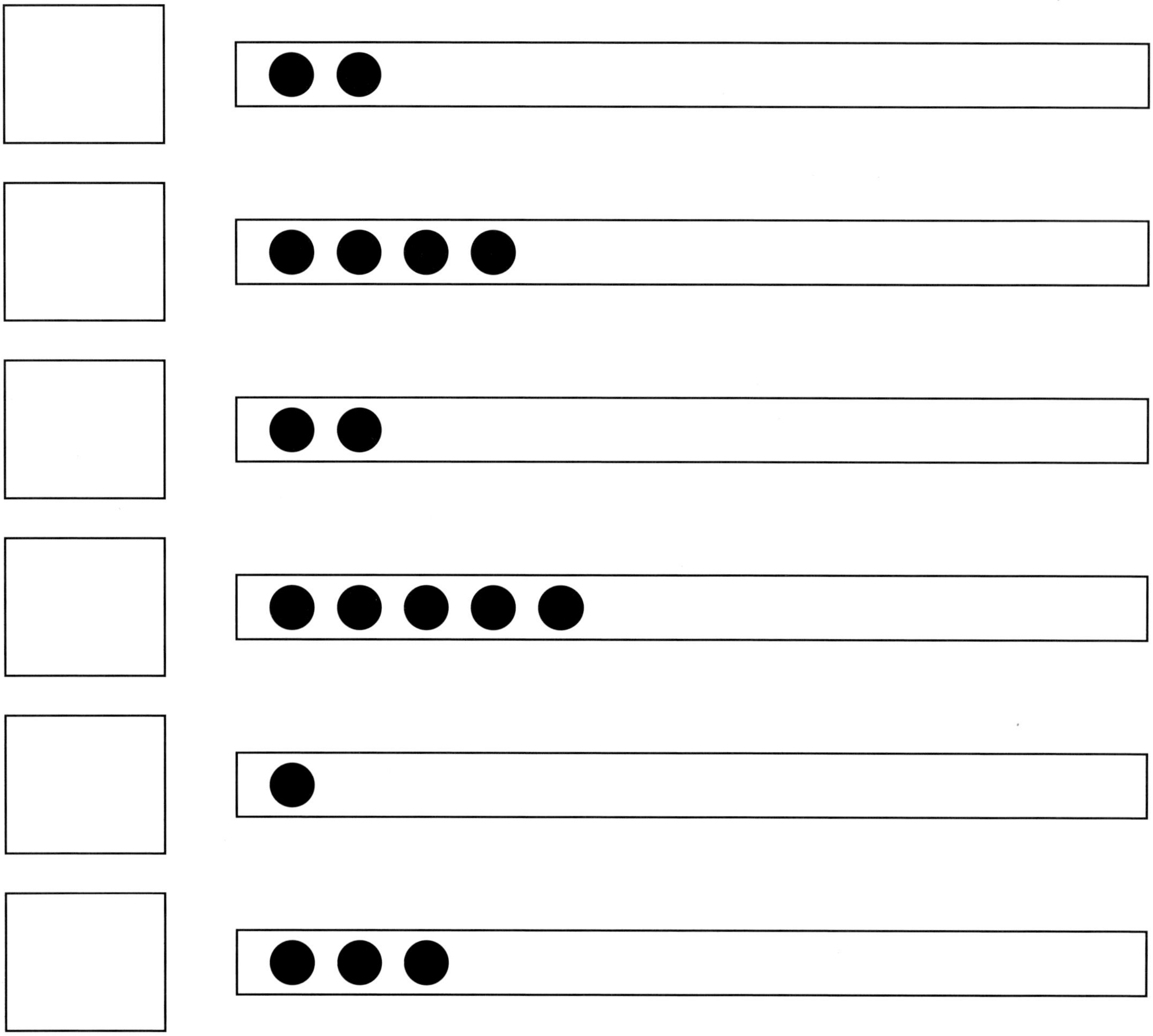

1	2	2	3	4	4	5

11.2.2 – 1	Verbindung von Punktmenge und Zahlzeichen (Ziffern ausschneiden und entsprechend aufkleben)	Seite 74

Zalo bindet an jeden Sack die richtige Zahl. Hilf ihm.

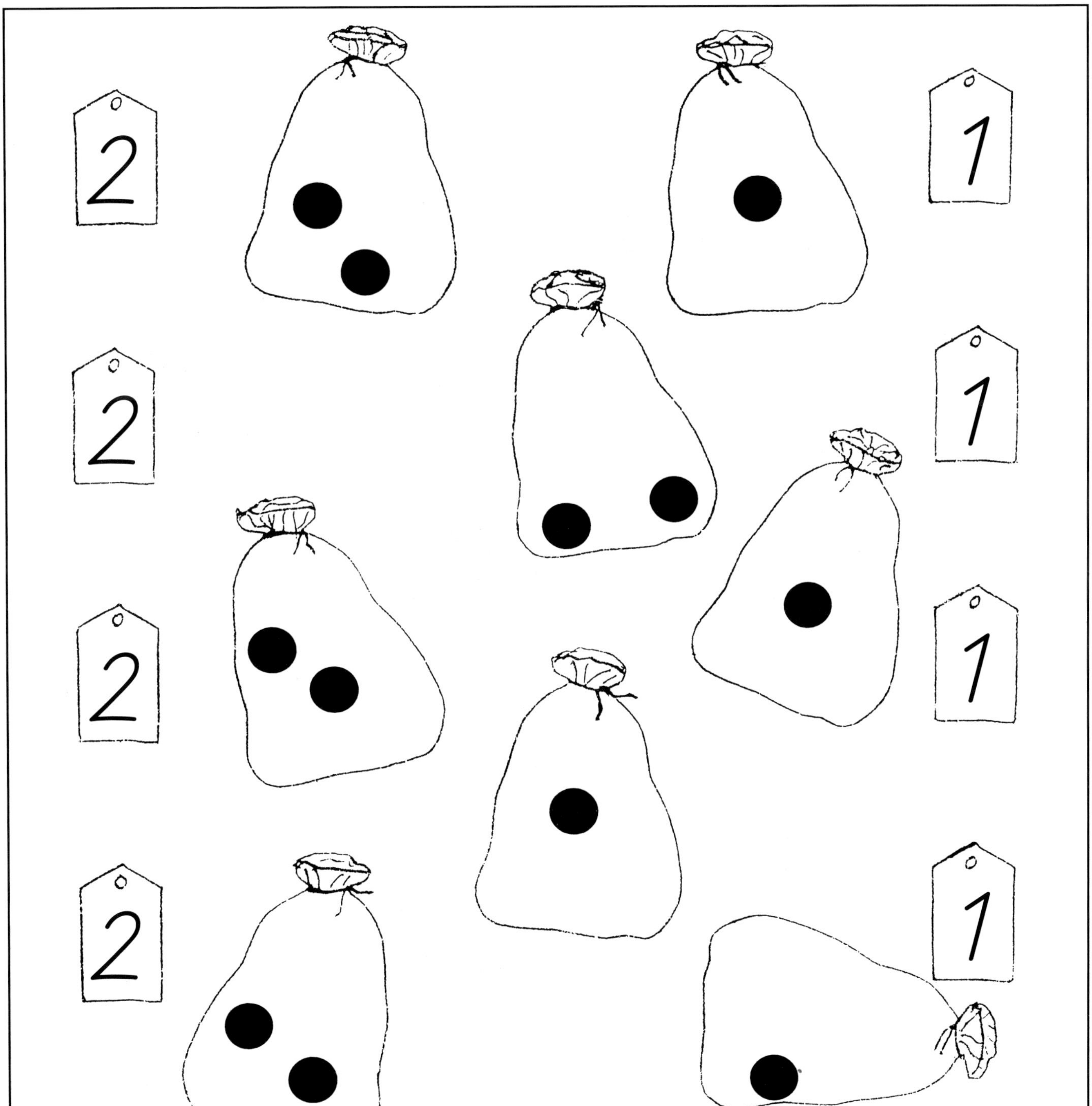

T. Blümer, R. Gräve, M. Opitz: Rechne mit Zalo Zifferli, Band 3

Zalo bindet an jeden Sack die richtige Zahl. Hilf ihm.

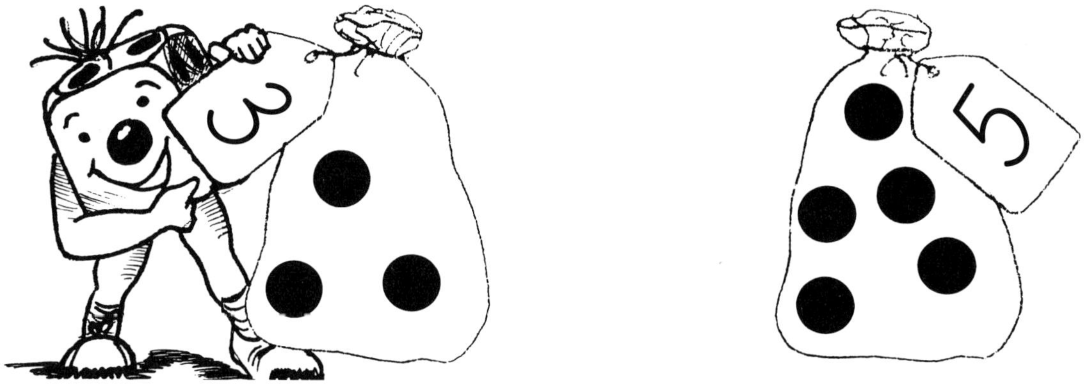

T. Blümer, R. Gräve, M. Opitz: Rechne mit Zalo Zifferli, Band 3

Zalo bindet an jeden Sack die richtige Zahl. Hilf ihm.

Kreise jede 4 ein.
ODER: Kreise jede 1 (2, 3, 5, 6) ein.

2	3	6	4
1	6	5	3
5	4	6	1
3	5	2	4
2	4	1	5
3	1	6	2

Zalo Zifferli fährt in der Reihenfolge der Zahlen von Haus zu Haus. Zeichne seinen Weg!

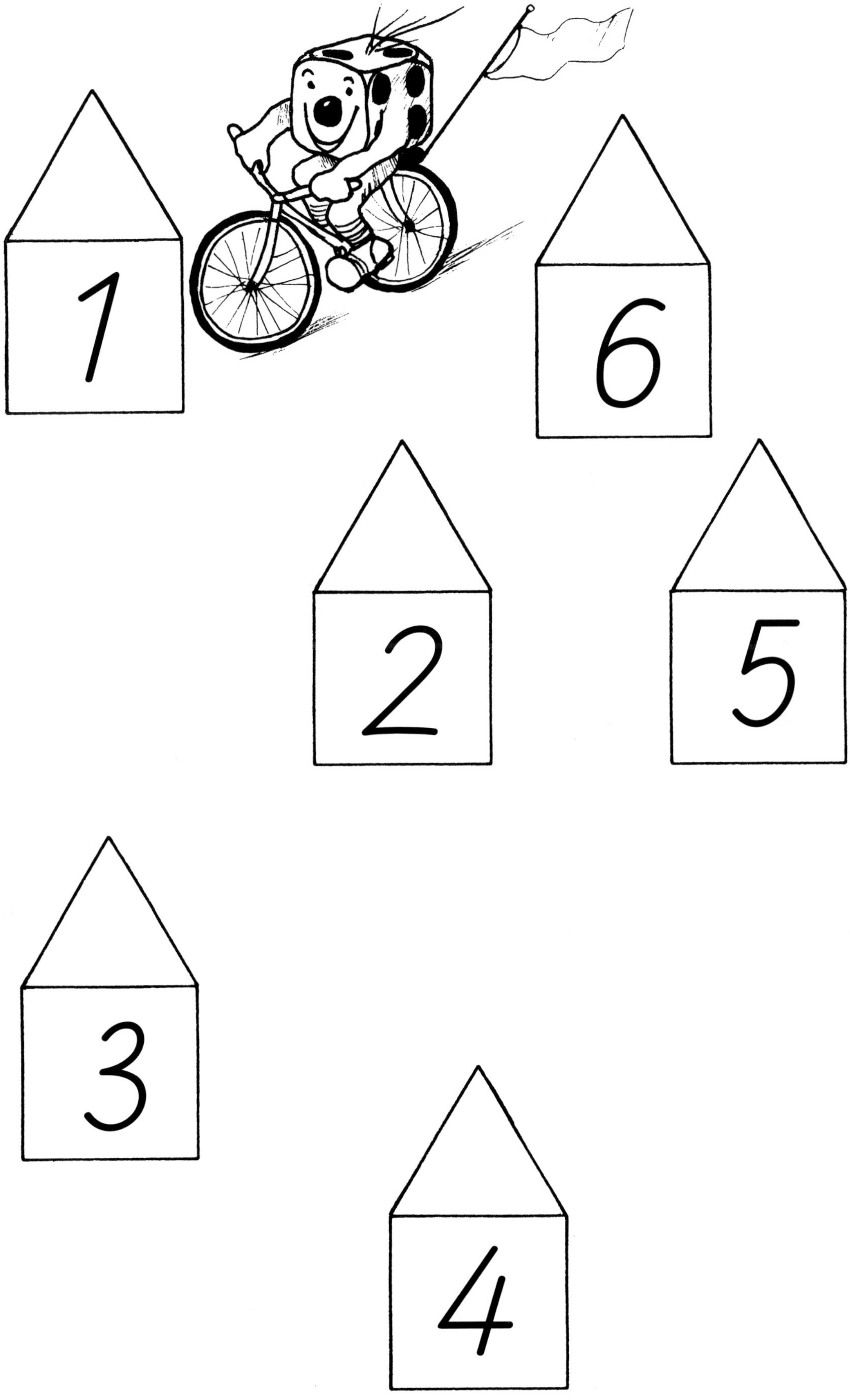

Zalo Zifferli baut ein Haus. Verbinde die Punkte in der richtigen Reihenfolge.

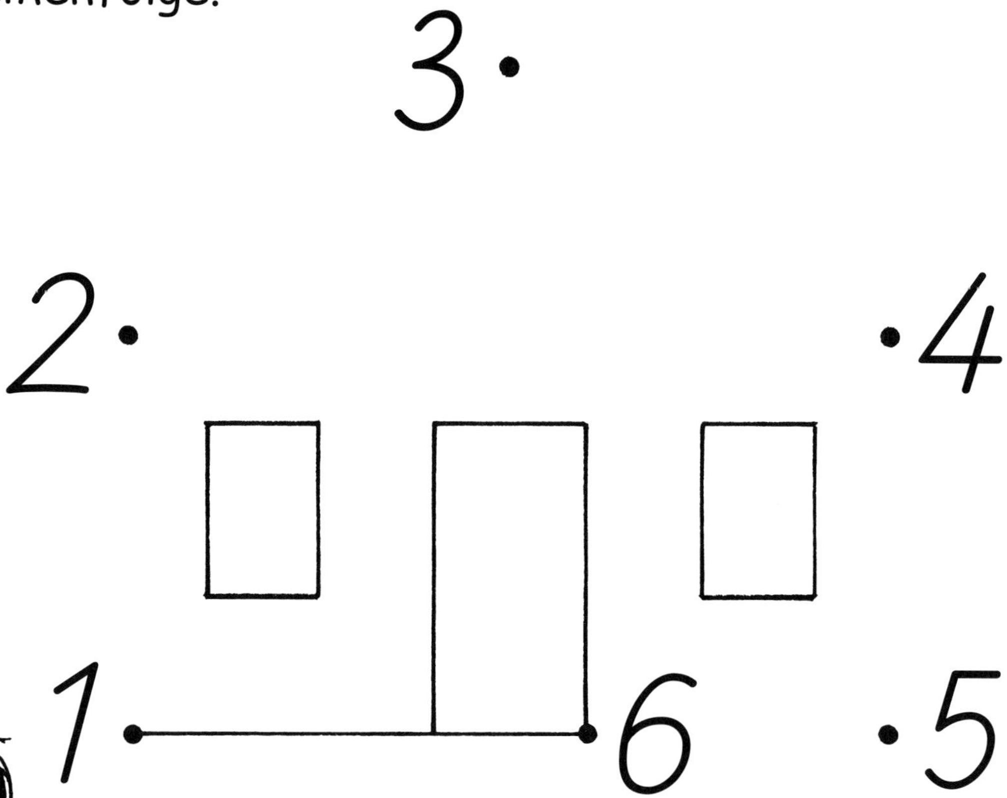

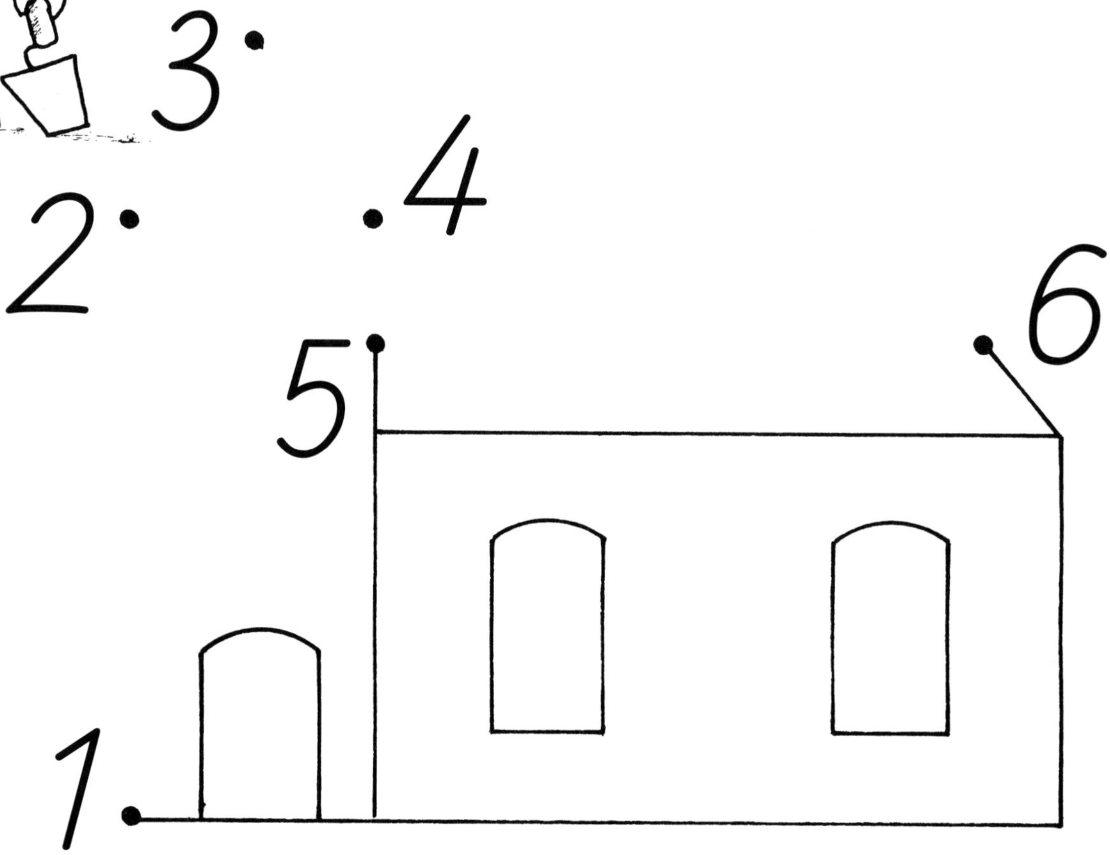

Zalo Zifferli verbindet die Häuser in der Reihenfolge der Zahlen. Er malt eine dicke (rote) Straße und eine dünne (grüne) Straße.

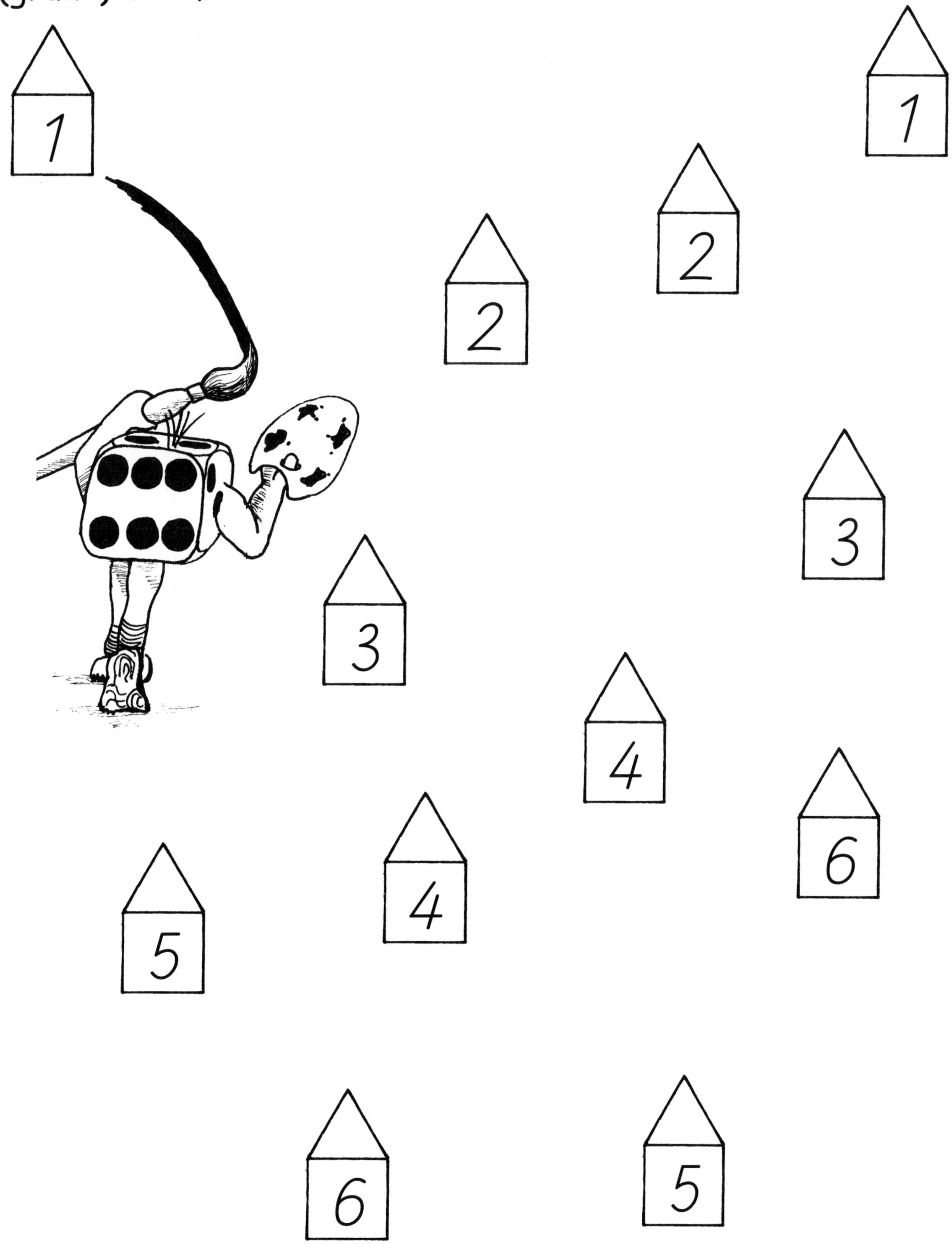

T. Blümer, R. Gräve, M. Opitz: Rechne mit Zalo Zifferli, Band 3

Zähle bei jeder Hand die Anzahl der gestreckten Finger und ziehe eine Verbindungslinie zur entsprechenden Zahl.

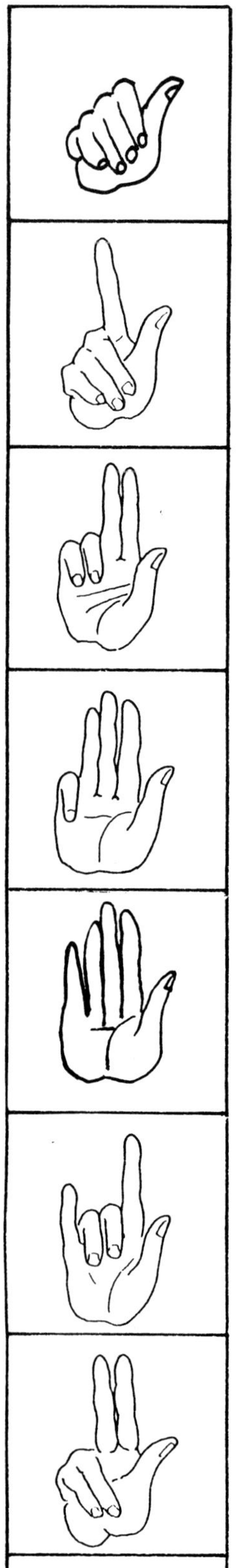

1
2
3
4
5
6

11.2.7 – 1	Den Mengen von 1 bis 6 die entsprechenden Zahlzeichen zuordnen.	Seite 82

Zeichne jeweils so viele Striche (Punkte) in die Schleife, wie die Zahl angibt.

3

1

5

2

4

2

6

Zalo Zifferli hat Perlen auf eine Schnur gezogen.
Male sie bunt.

In der Kette sollen sein:

3	5	2	4	6
blau	gelb	grün	rot	schwarz

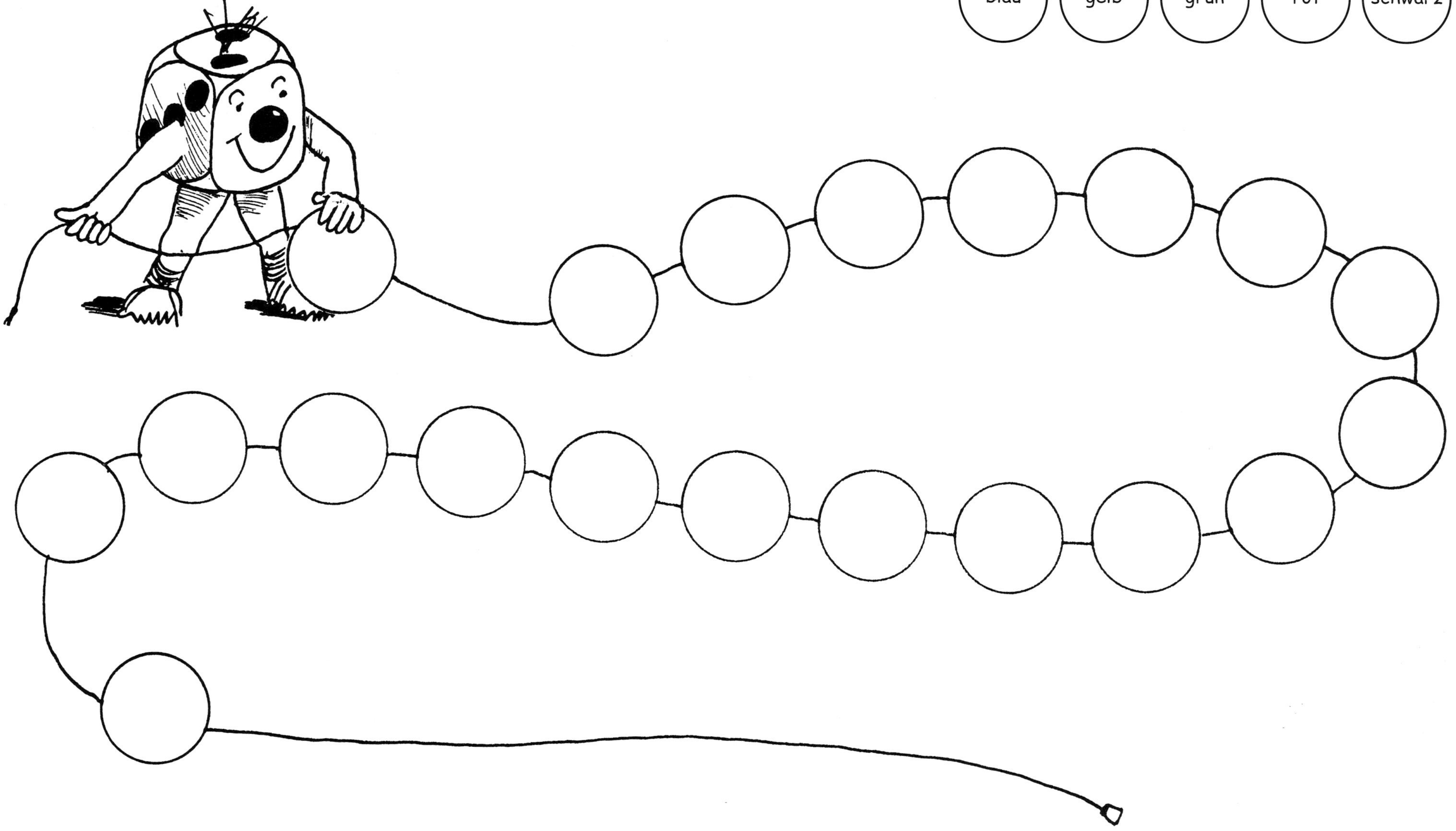

Zähle jeweils die Kreise.
Stempele oder schreibe die Zahl in das Kästchen.

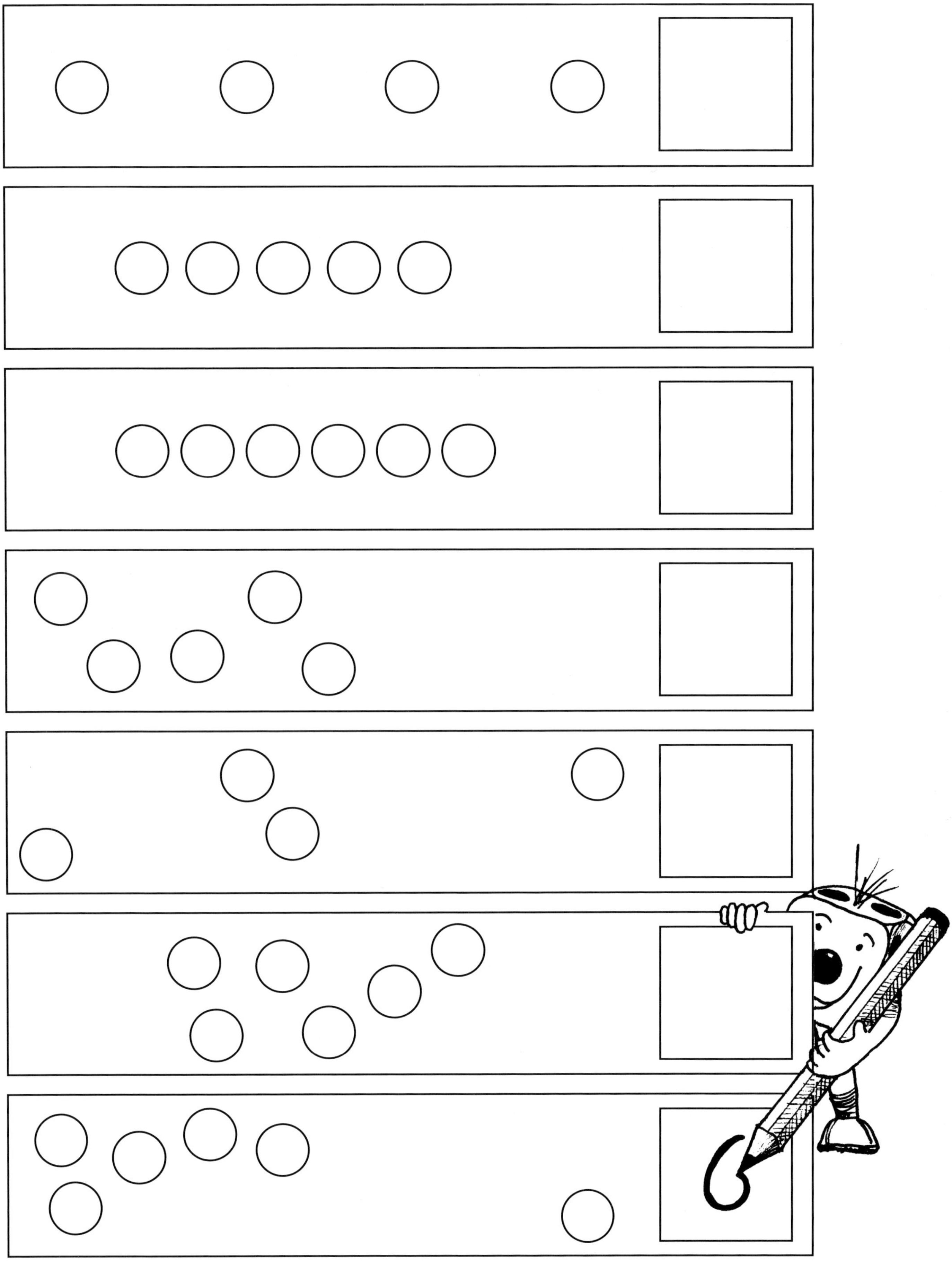

T. Blümer, R. Gräve, M. Opitz: Rechne mit Zalo Zifferli, Band 3

Zähle jeweils die Tiere.
Stempele oder schreibe die Zahl in das Kästchen.

T. Blümer, R. Gräve, M. Opitz: Rechne mit Zalo Zifferli, Band 3

Zähle immer 3 (2, 4, 5, 6) Formen ab und kreise sie ein.

T. Blümer, R. Gräve, M. Opitz: Rechne mit Zalo Zifferli, Band 3

Zalo Zifferli überlegt sich, wie viele Plätzchen er auf jeden Teller legen will. Die ersten Plätzchen sind schon fertig und liegen auf dem Teller. Male die fehlenden Plätzchen hinzu.

T. Blümer, R. Gräve, M. Opitz: Rechne mit Zalo Zifferli, Band 3

Zalo Zifferli denkt sich aus, wie viele Plätzchen er haben will. Male auf dem Teller die fehlenden Plätzchen dazu.

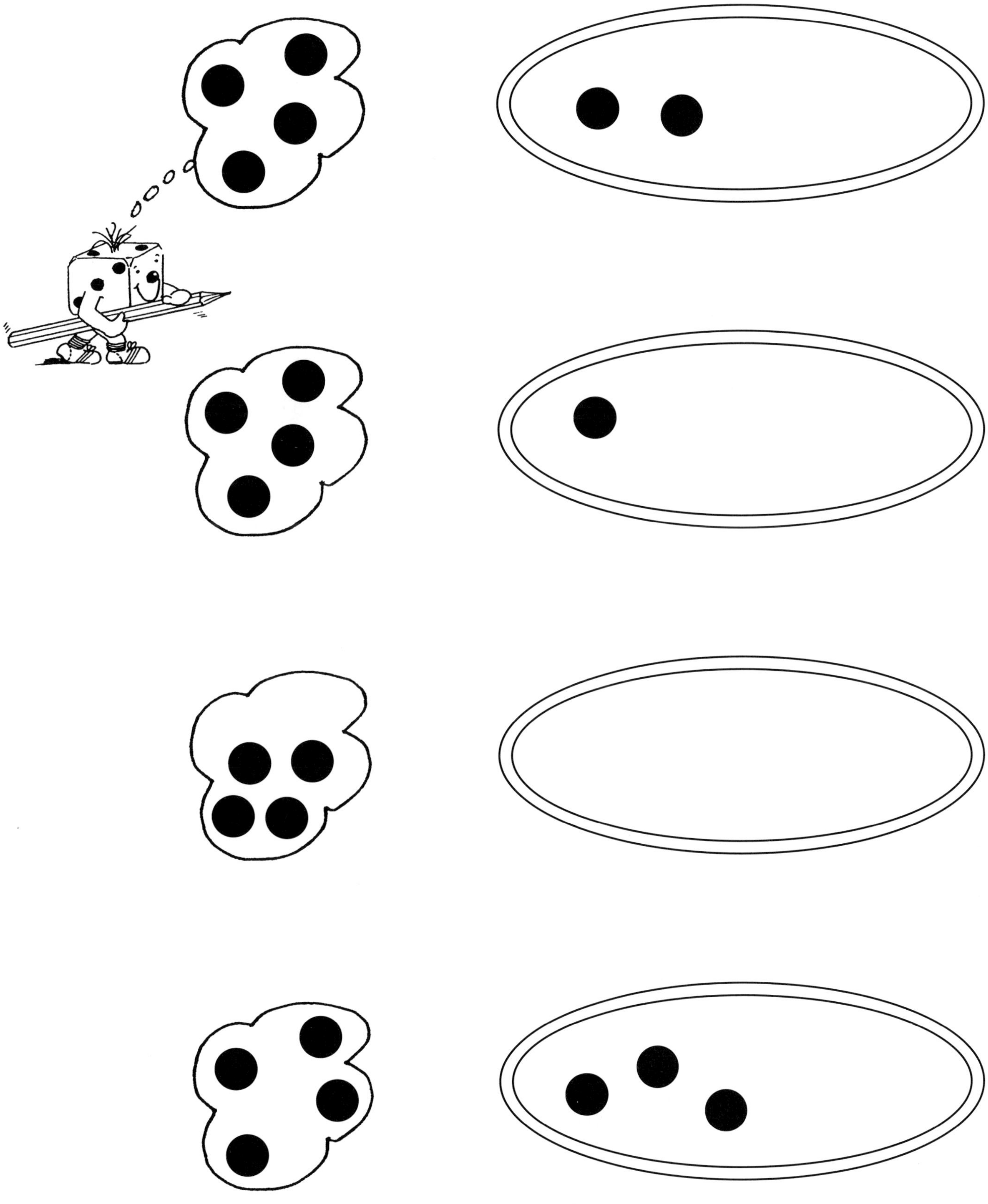

Zalo Zifferli denkt sich aus, wie viele Plätzchen er haben will. Male auf dem Teller die fehlenden Plätzchen dazu.

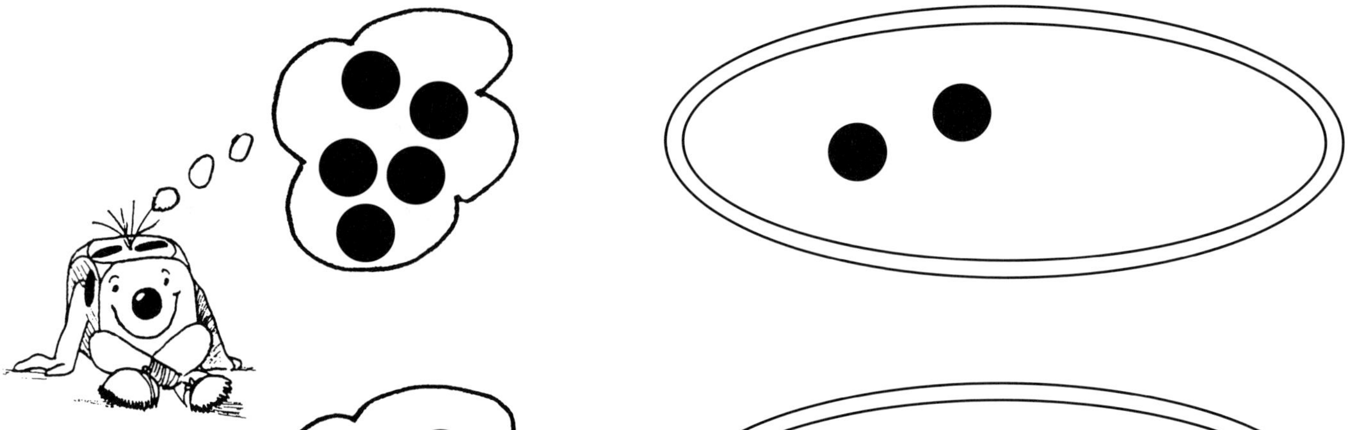

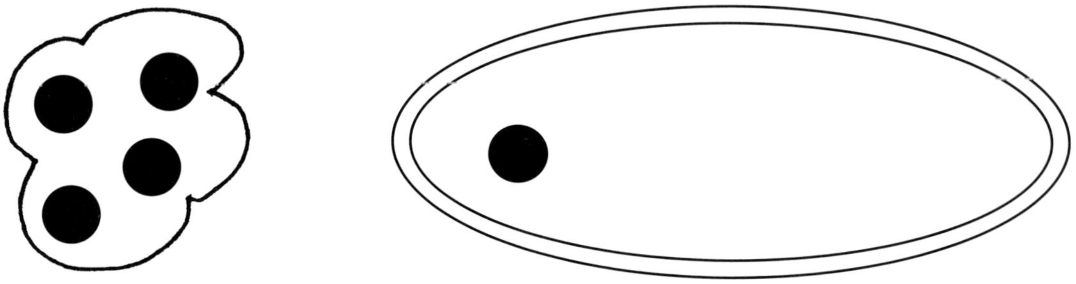

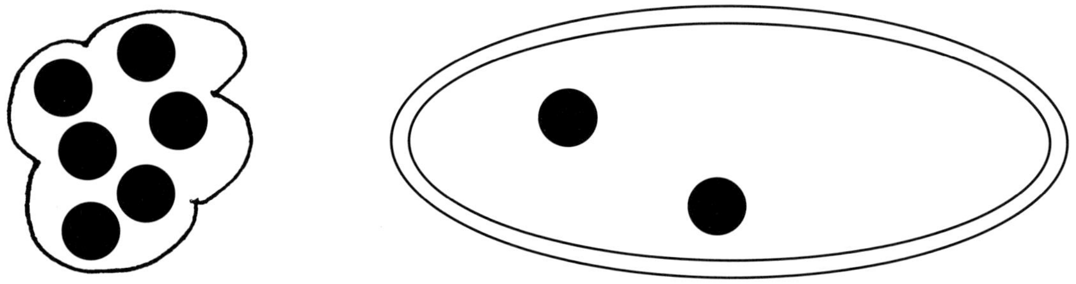

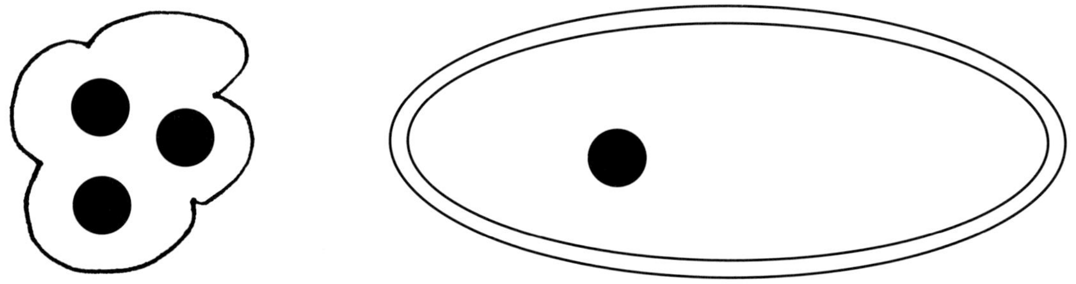

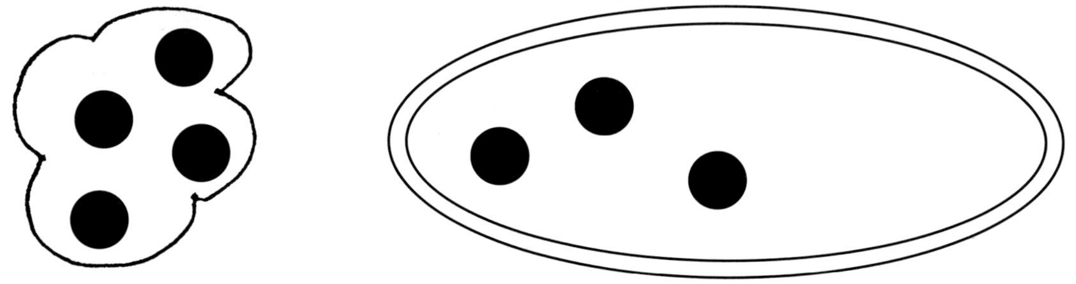

Zalo Zifferli denkt wieder an Plätzchen. Diesmal liegen auf dem Teller zu viele Plätzchen. Streiche sie weg.

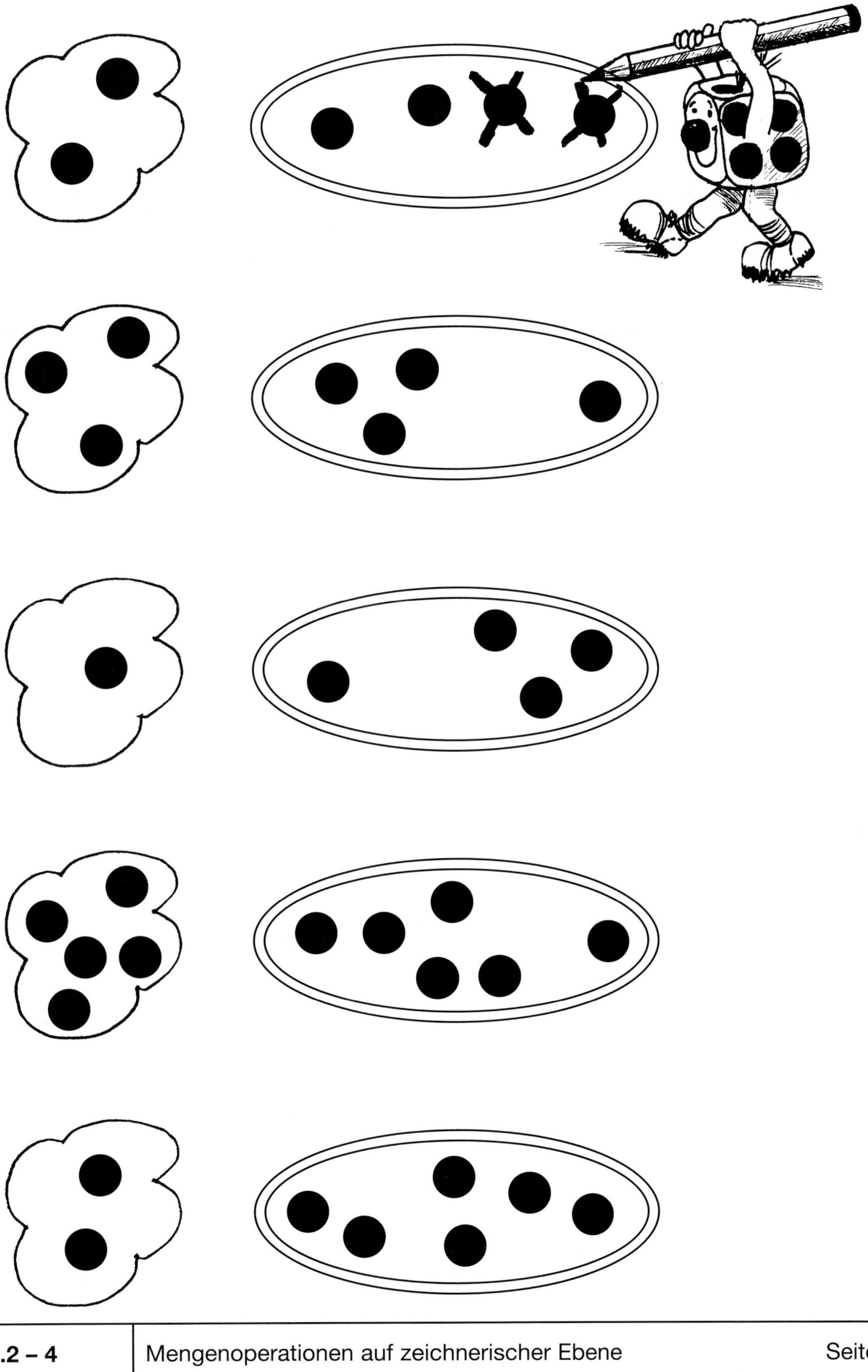

T. Blümer, R. Gräve, M. Opitz: Rechne mit Zalo Zifferli, Band 3

Auf dem Teller sollen immer so viele Plätzchen liegen, wie Zalo sich ausgedacht hat. Male Plätzchen dazu oder streiche sie weg.

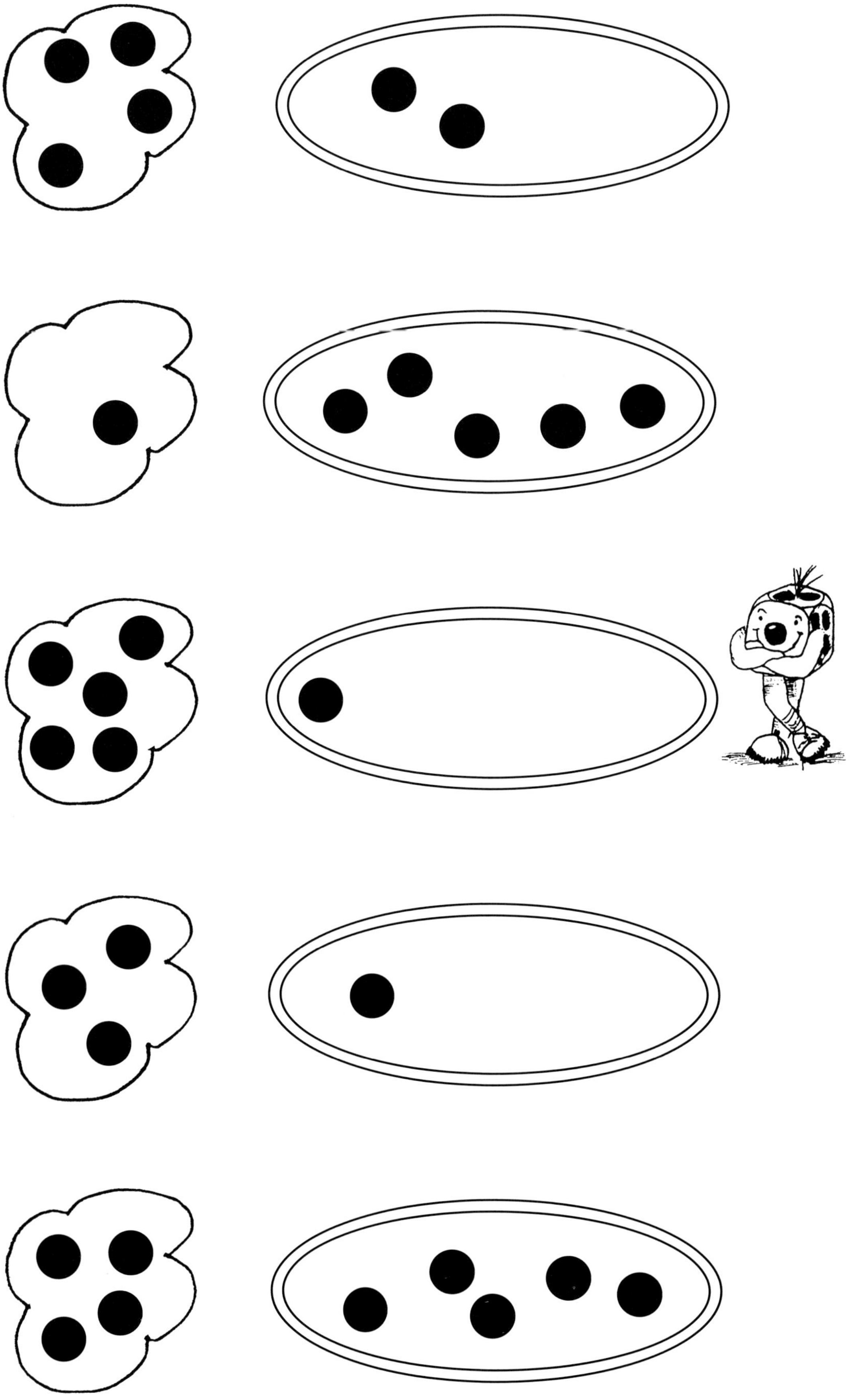

T. Blümer, R. Gräve, M. Opitz: Rechne mit Zalo Zifferli, Band 3

T. Blümer, R. Gräve, M. Opitz: Rechne mit Zalo Zifferli, Band 3

Zalo möchte den Wettlauf starten, aber die Mannschaften haben noch nicht die gleiche Anzahl Schüler.

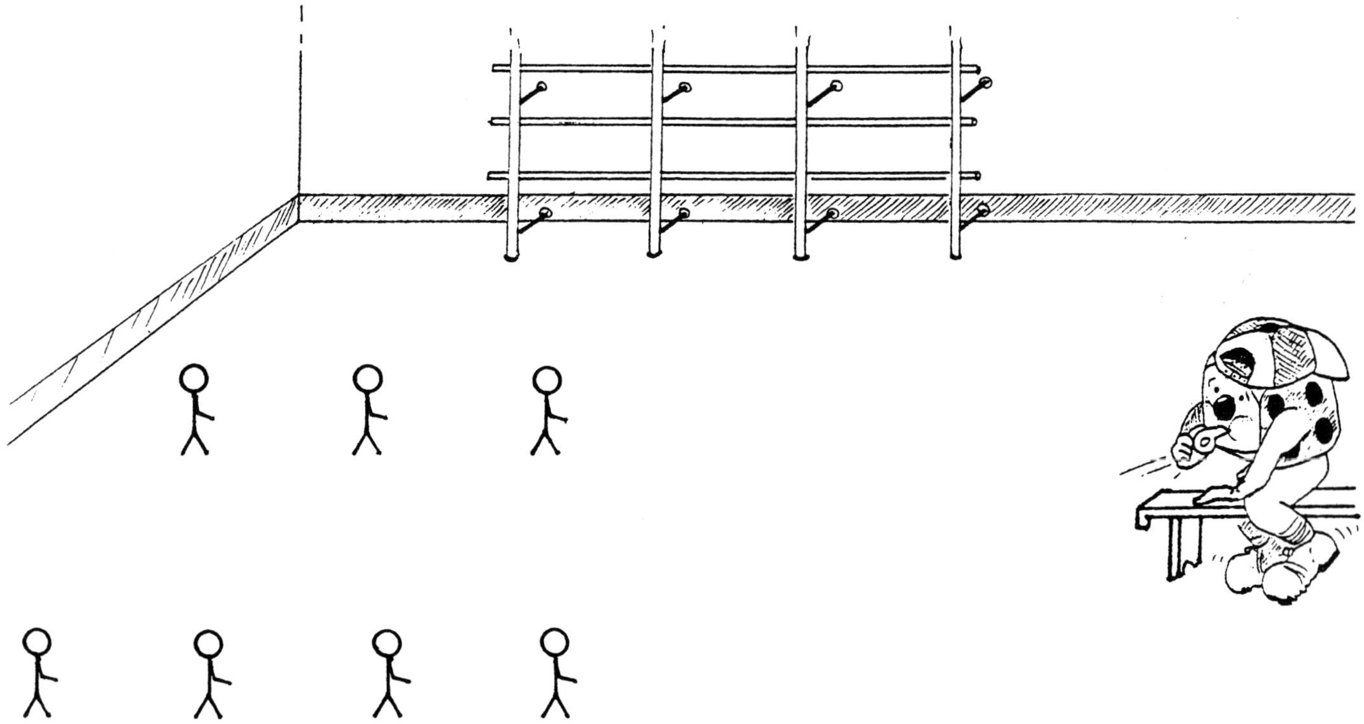

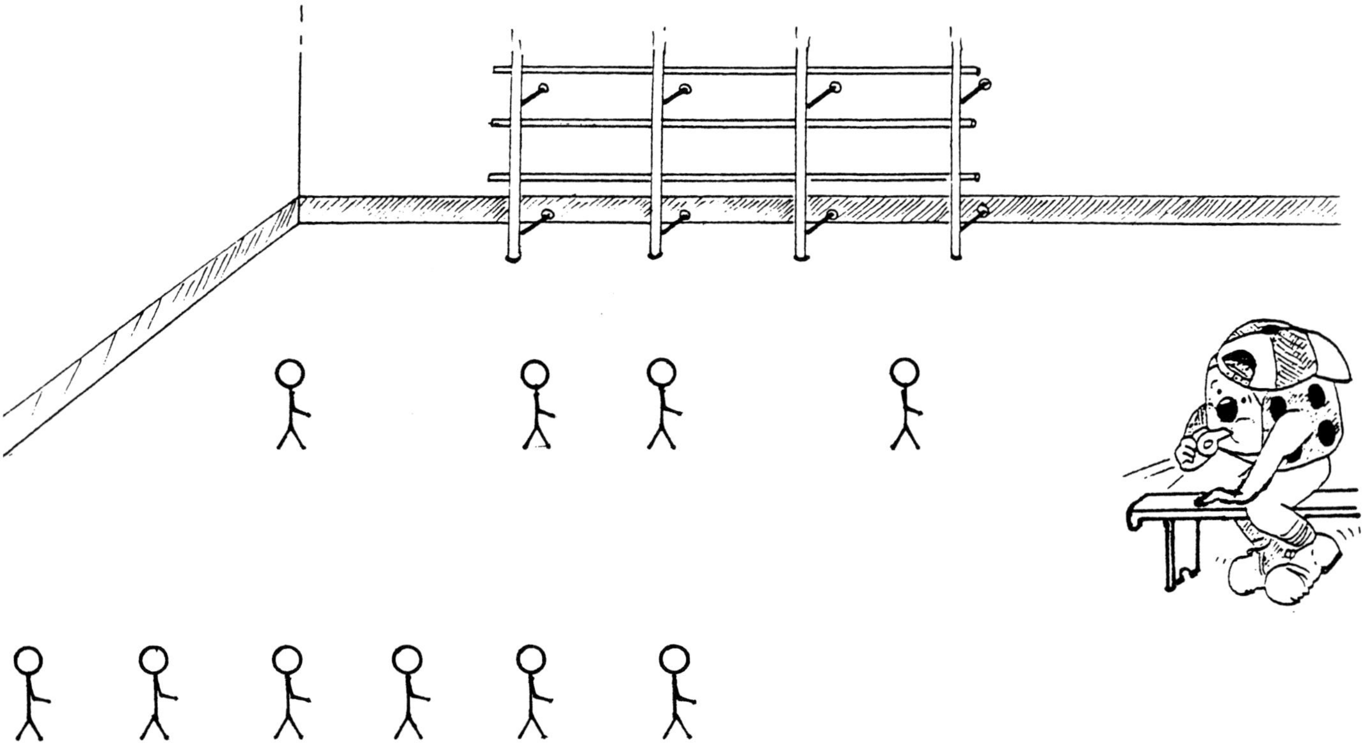

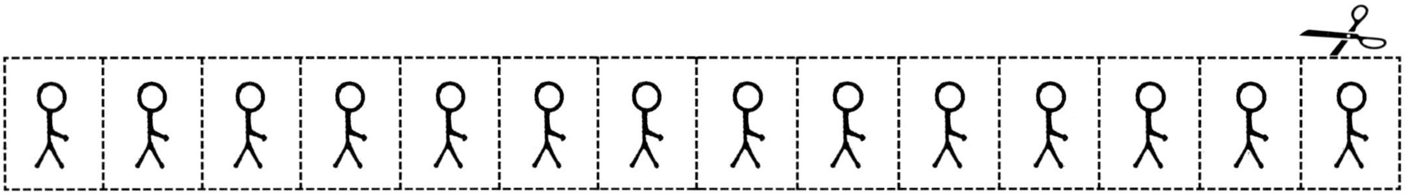

12.2.2 – 7	Mengenoperationen auf zeichnerischer Ebene (Fehlende Strichmännchen ausschneiden und dazukleben.)	Seite 94

Es sollen immer 4 sein. Zalo Zifferli hat Punkte vom Teller genommen. Male sie wieder dazu.

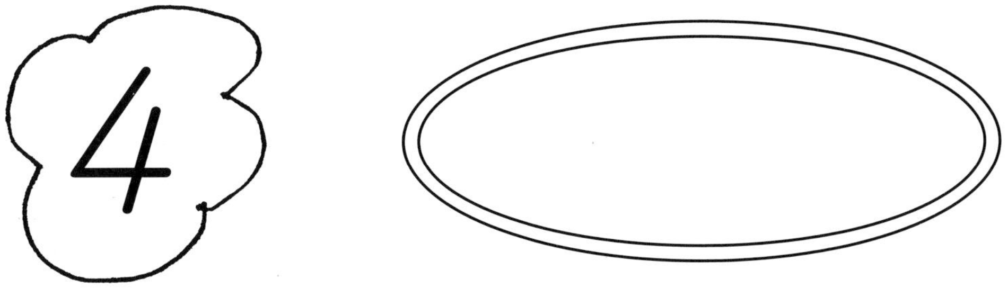

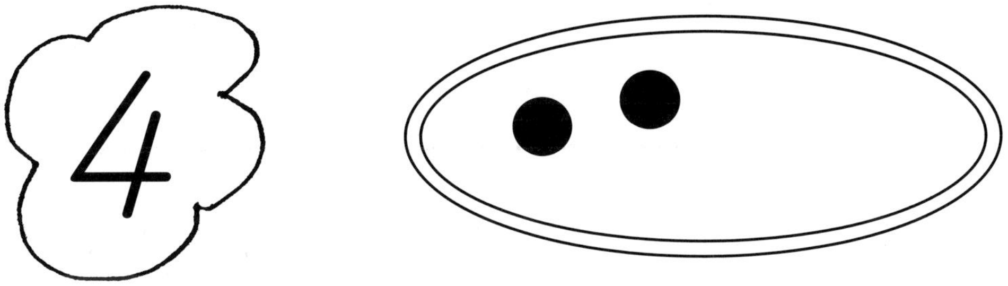

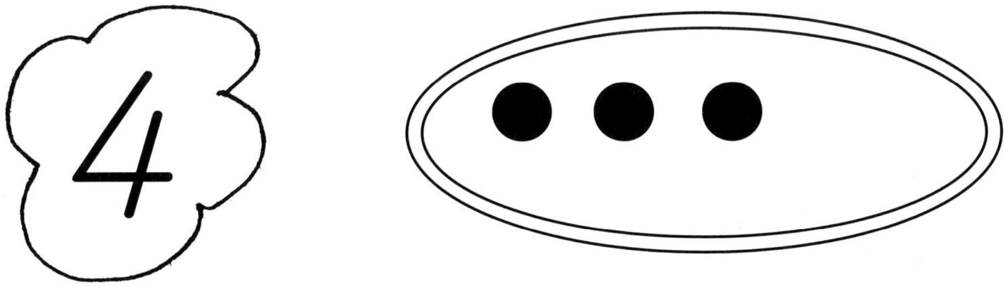

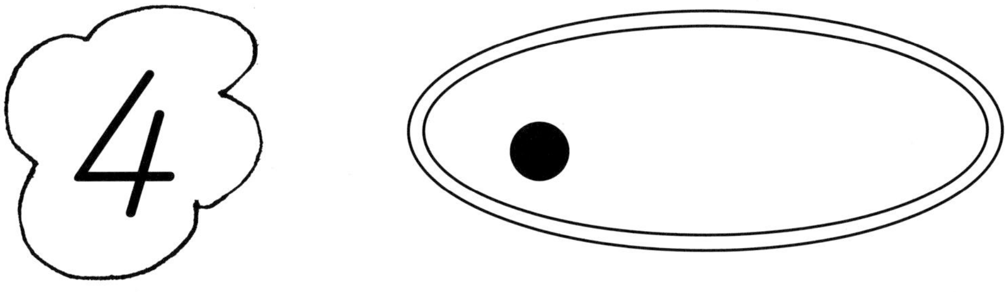

T. Blümer, R. Gräve, M. Opitz: Rechne mit Zalo Zifferli, Band 3

In der Wolke ist angegeben, wie viele Punkte auf dem Teller liegen sollen. Zalo hat die Punkte weggenommen. Male sie wieder dazu.

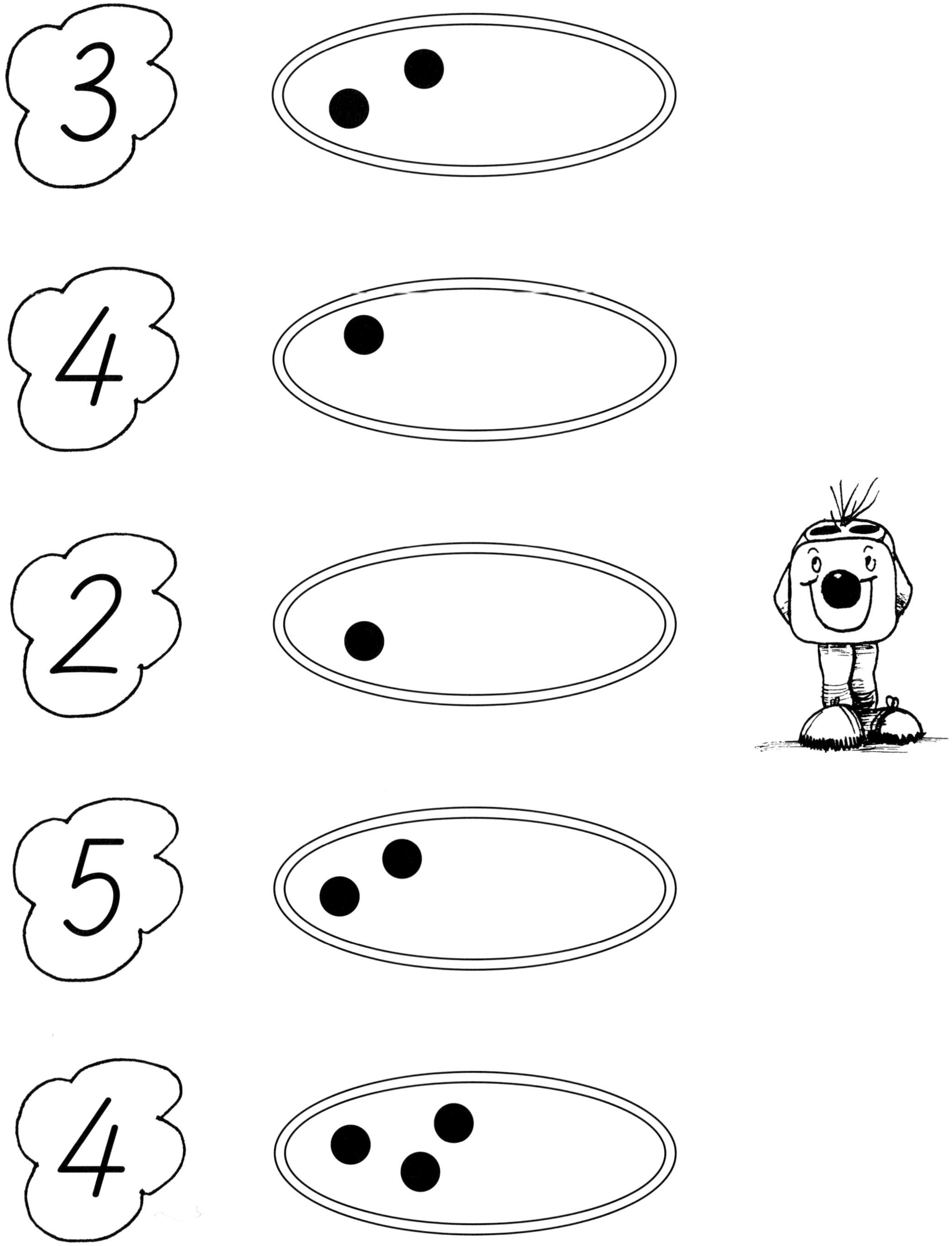

Zalo Zifferli hat Punkte dazugemogelt.
Streiche die überzähligen Punkte weg.

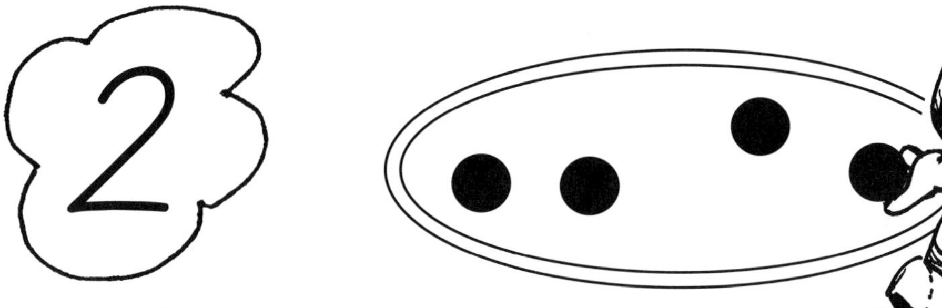

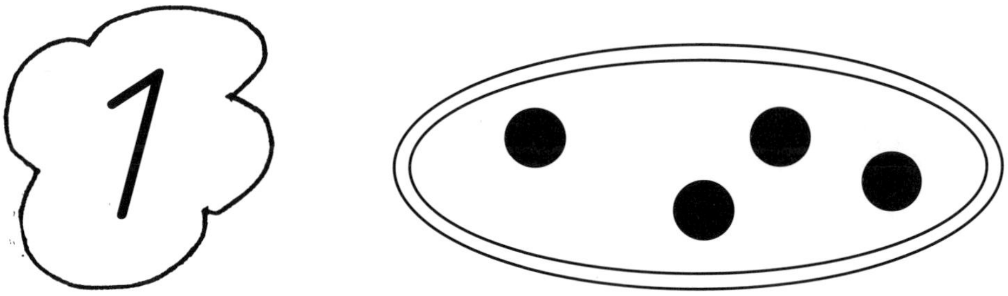

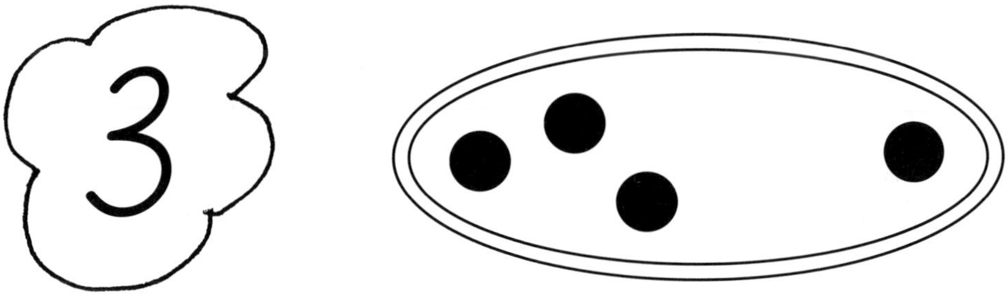

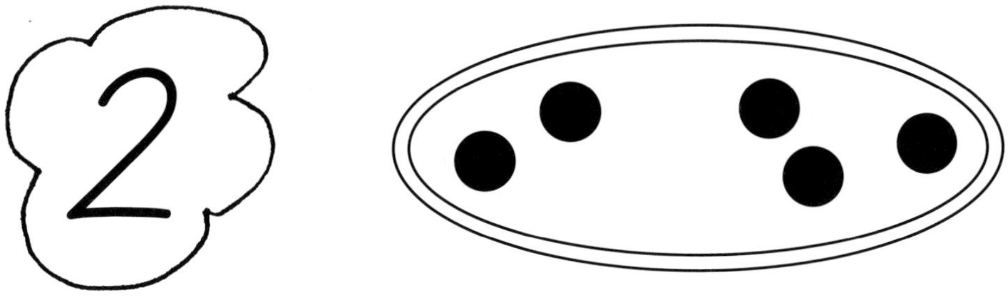

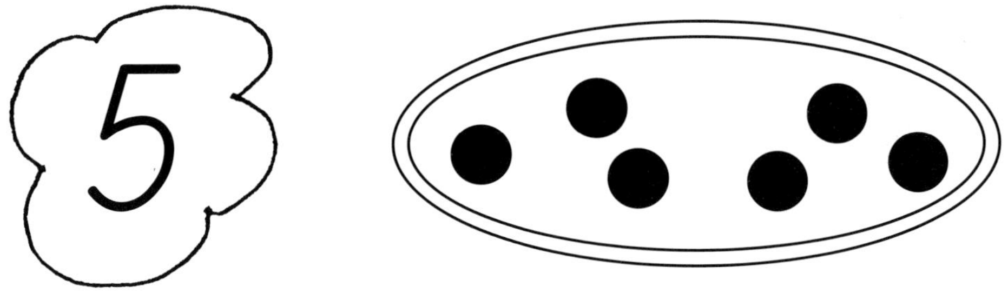

T. Blümer, R. Gräve, M. Opitz: Rechne mit Zalo Zifferli, Band 3

Zalo Zifferli hat alles durcheinandergebracht.
Male Punkte dazu oder streiche sie weg.

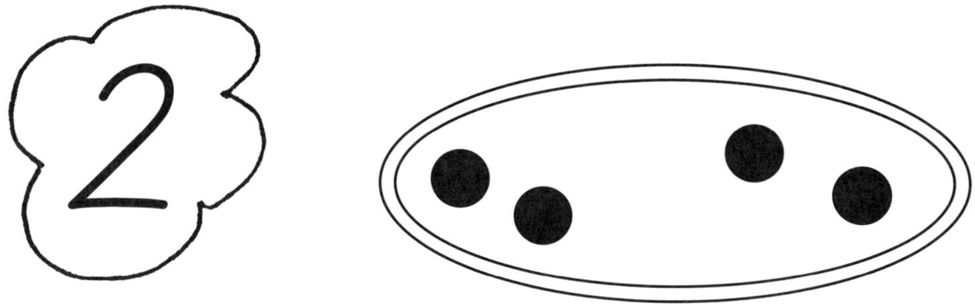

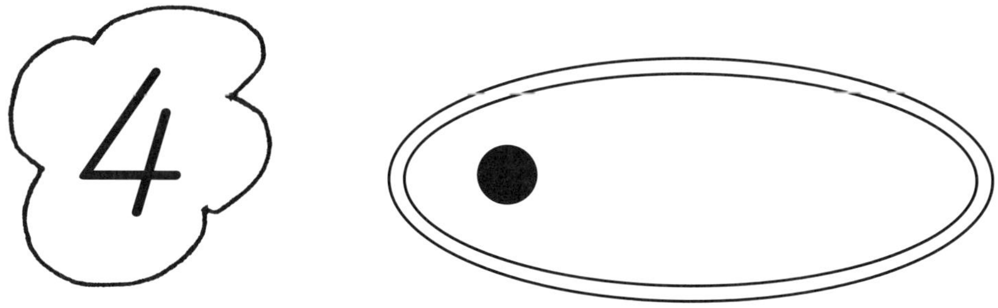

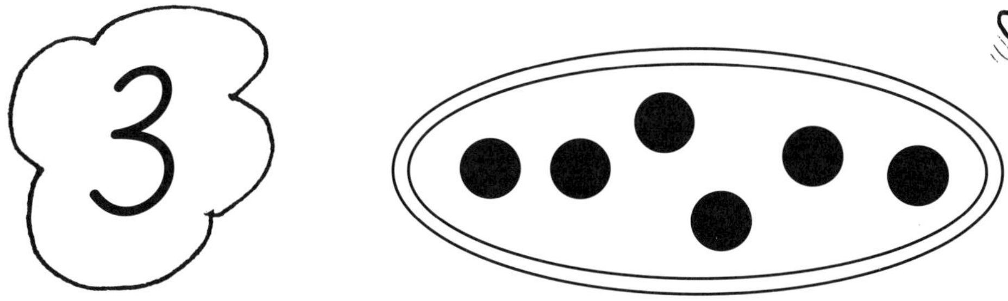

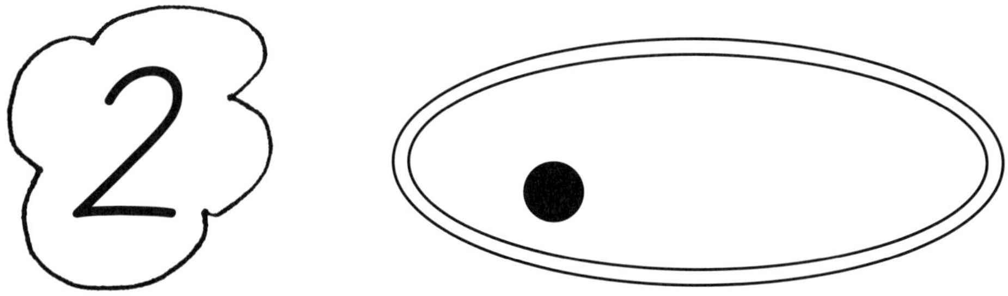

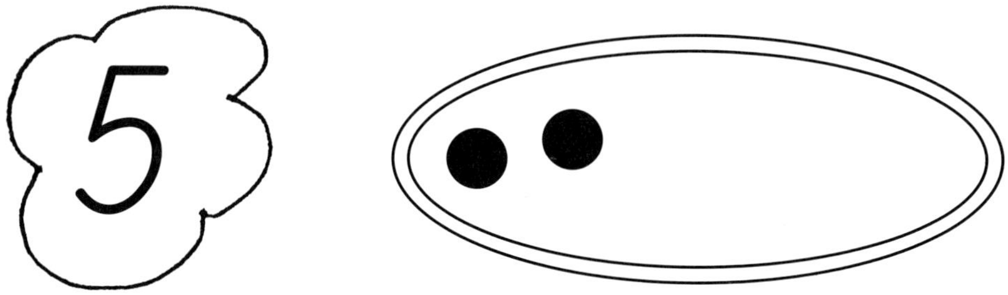

Zalo Zifferli kauft mit Einkaufsliste ein. Er hat schon Obst in den Einkaufswagen gelegt. Füge die fehlenden Äpfel, Birnen und Apfelsinen dazu.

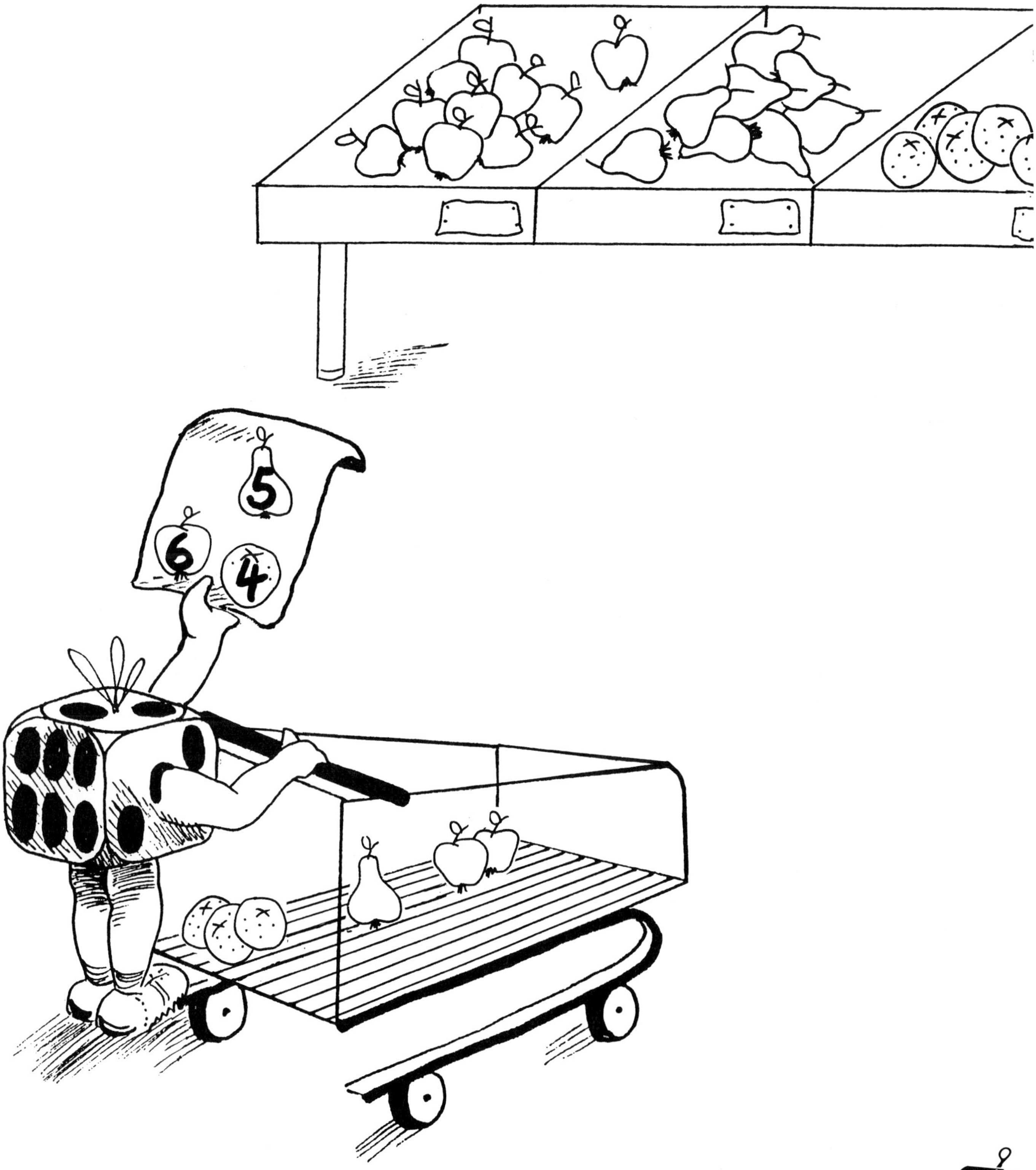

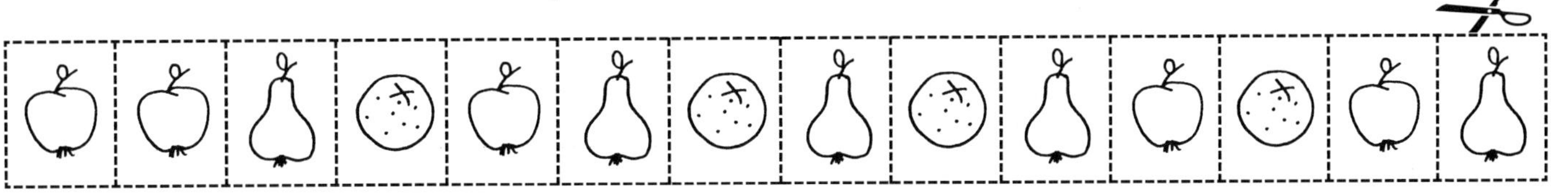

Die Wolke sagt dir, wie viele Punkte es sein sollen. Einige Punkte sind schon da. Schreibe in das leere Kästchen, wie viele Punkte noch fehlen.

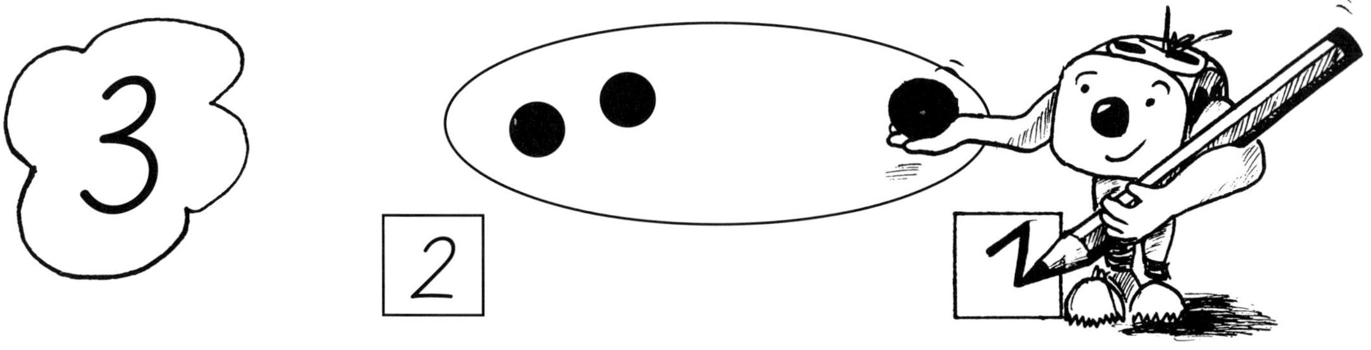

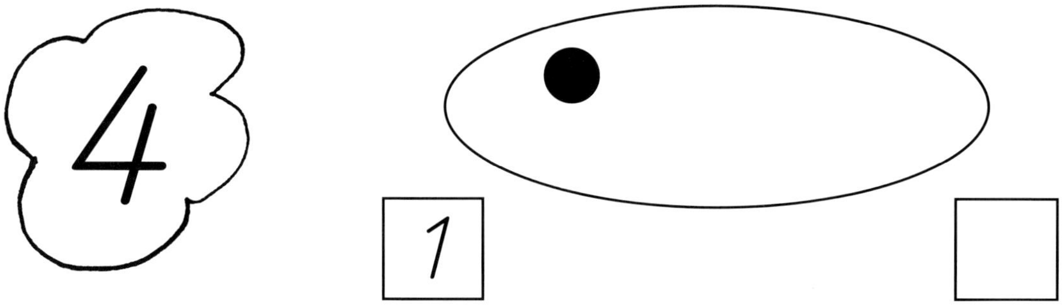

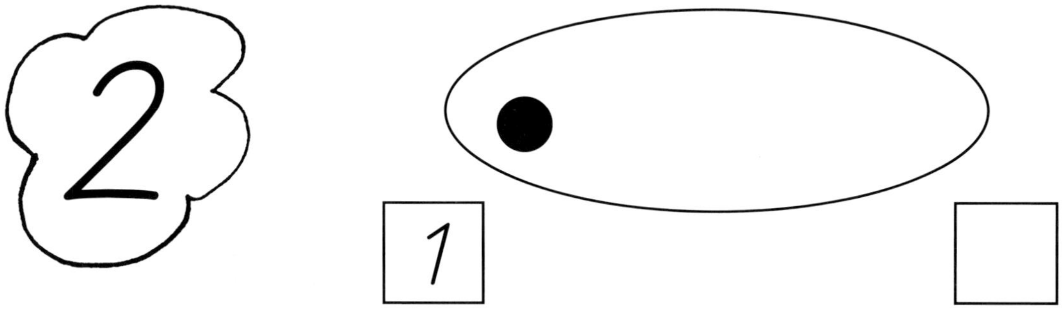

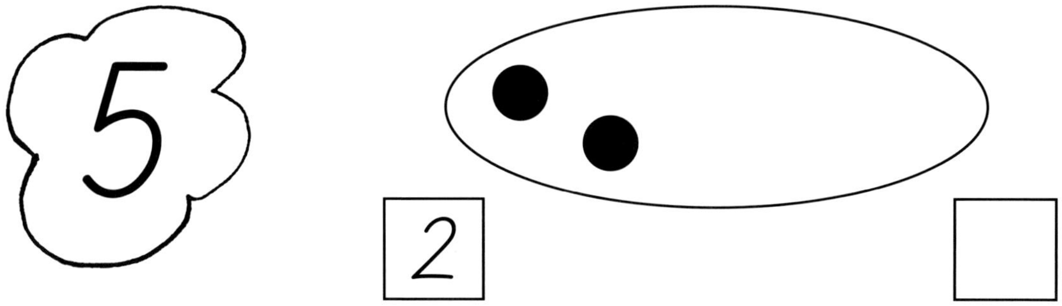

In der Wolke und auf dem Teller sollen gleich viele Punkte sein. Streiche die überzähligen Punkte und trage ein, wie viele du weggestrichen hast.

2 | 4 | □

1 | 4 | □

3 | 4 | 1

2 | 6 | □

T. Blümer, R. Gräve, M. Opitz: Rechne mit Zalo Zifferli, Band 3

Erzähle zu den Bildern eine Geschichte und schreibe das Ergebnis ins Kästchen.

Es schneit. Die Kinder, die aussteigen wollen, haben sich schon Mützen aufgesetzt. Wie viele Kinder bleiben noch im Bus? Schreibe das Ergebnis ins Kästchen.

Einige Autos wollen jetzt losfahren. Wie viele Autos bleiben auf dem Parkplatz stehen? Schreibe das Ergebnis ins Kästchen.

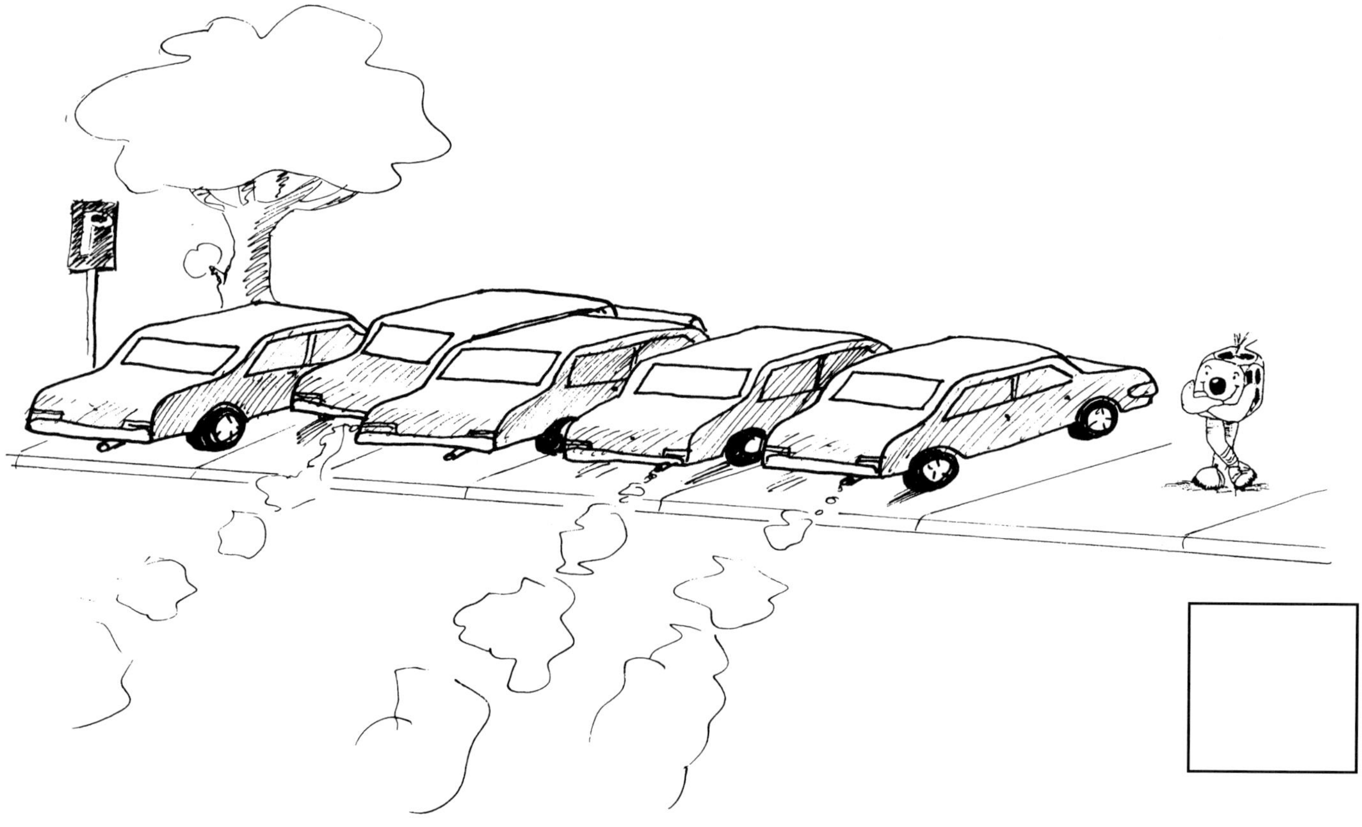

Die Wolke sagt dir, wie viele Punkte es sein sollen. Einige Punkte sind schon da. Schreibe in das leere Kästchen, wie viele Punkte noch fehlen.

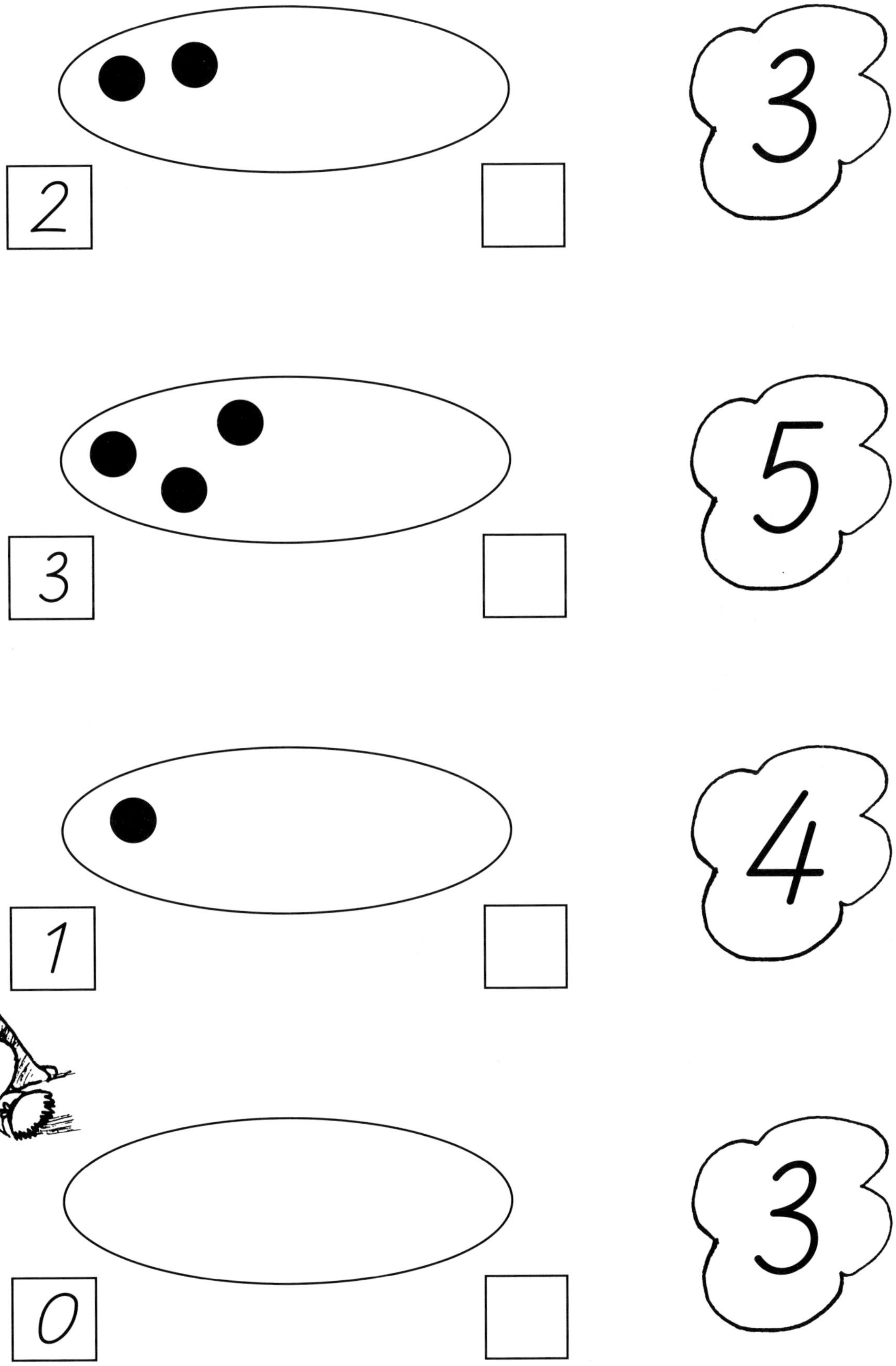

In der Wolke und auf dem Teller sollen gleich viele Punkte sein. Streiche die überzähligen Punkte durch und trage ein, wie viele Punkte du weggestrichen hast.

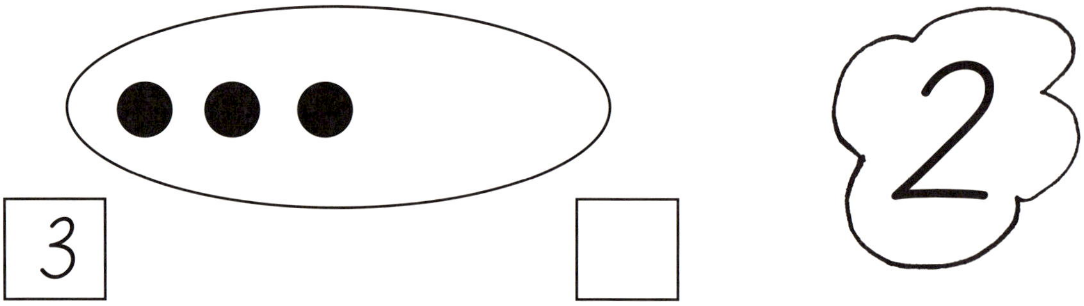

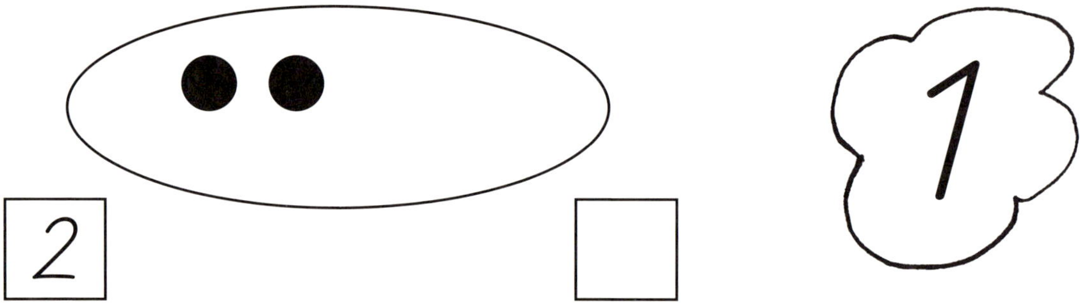

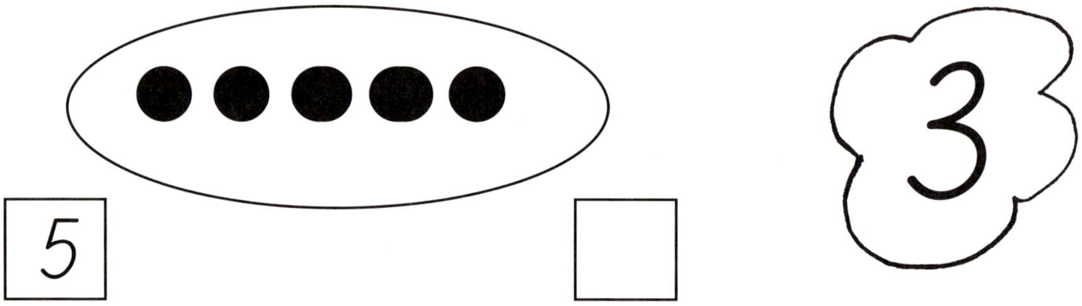

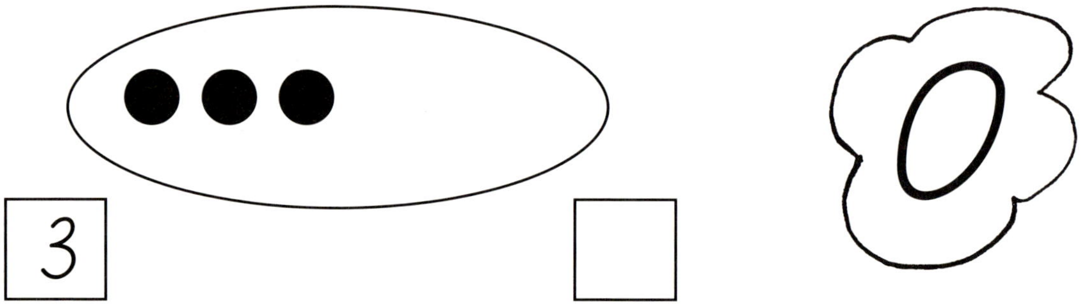

Zalo hat sich eine Zahl ausgedacht, die er in die Wolke schreiben will. Aber auf den Tellern liegen zu wenig oder zu viele Punkte. Deswegen hat er Punkte hinzugefügt oder weggestrichen. Trage ein, welche Zahl er sich gedacht hat.

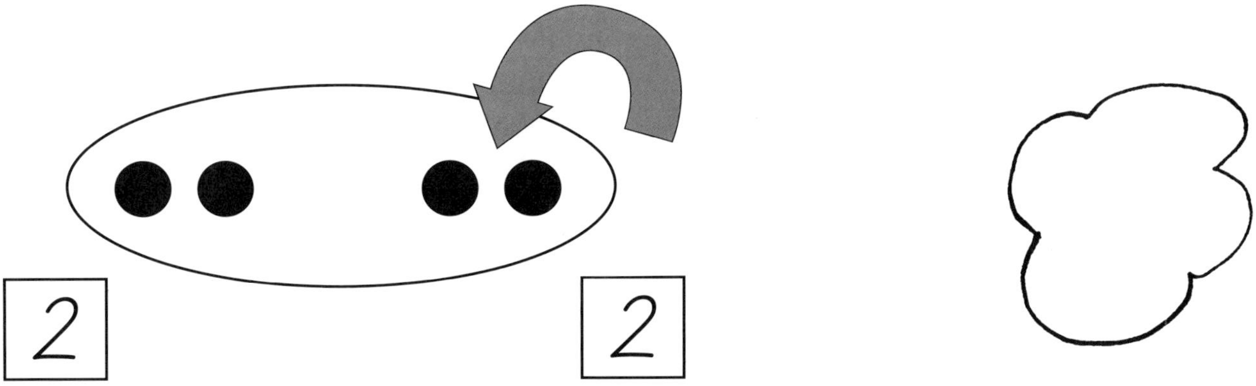

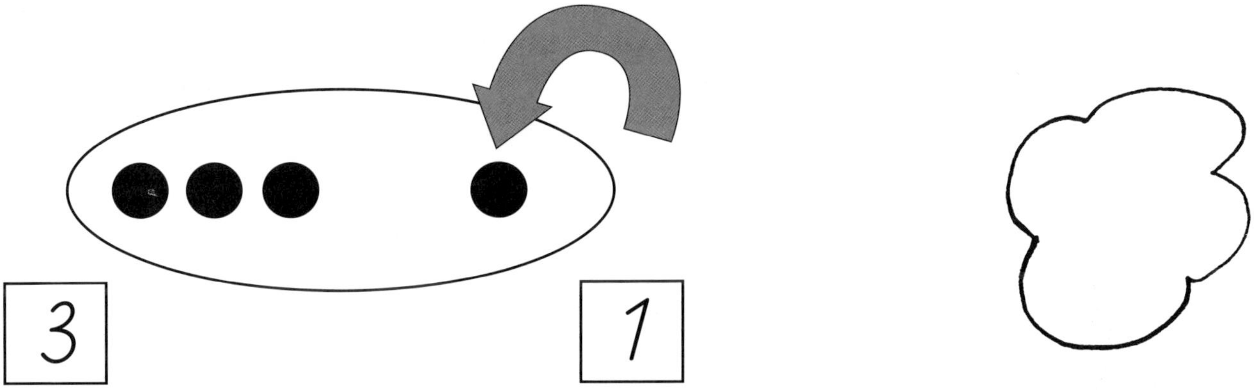

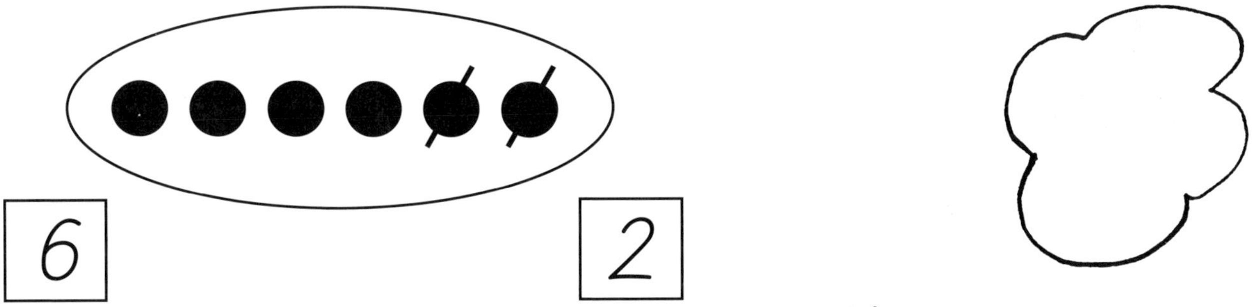

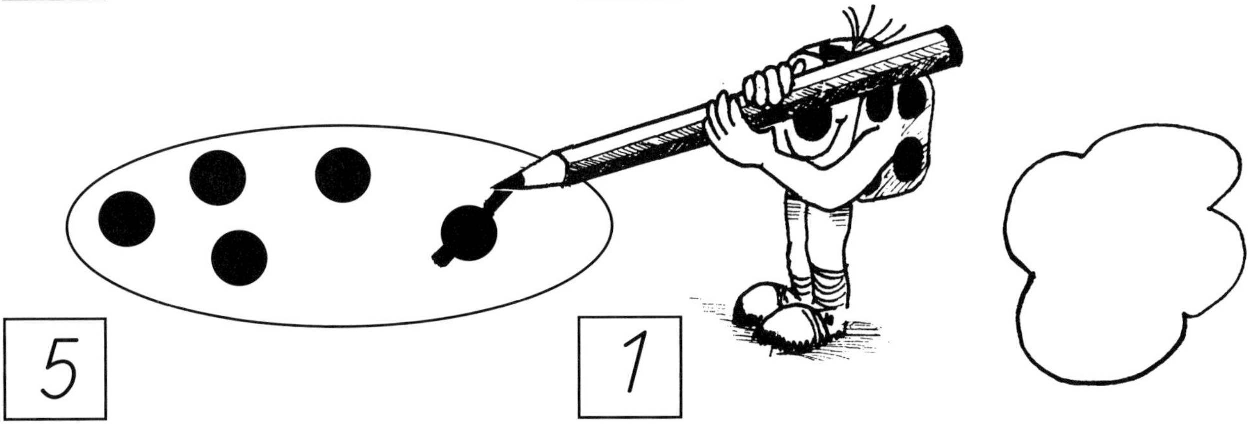

Zalo hat sich Zahlen ausgedacht. Dann hat er auf dem Teller Punkte weggestrichen oder dazugefügt, bis seine gewünschten Zahlen erreicht waren. Trage ein, welche Zahl er sich gedacht hat.

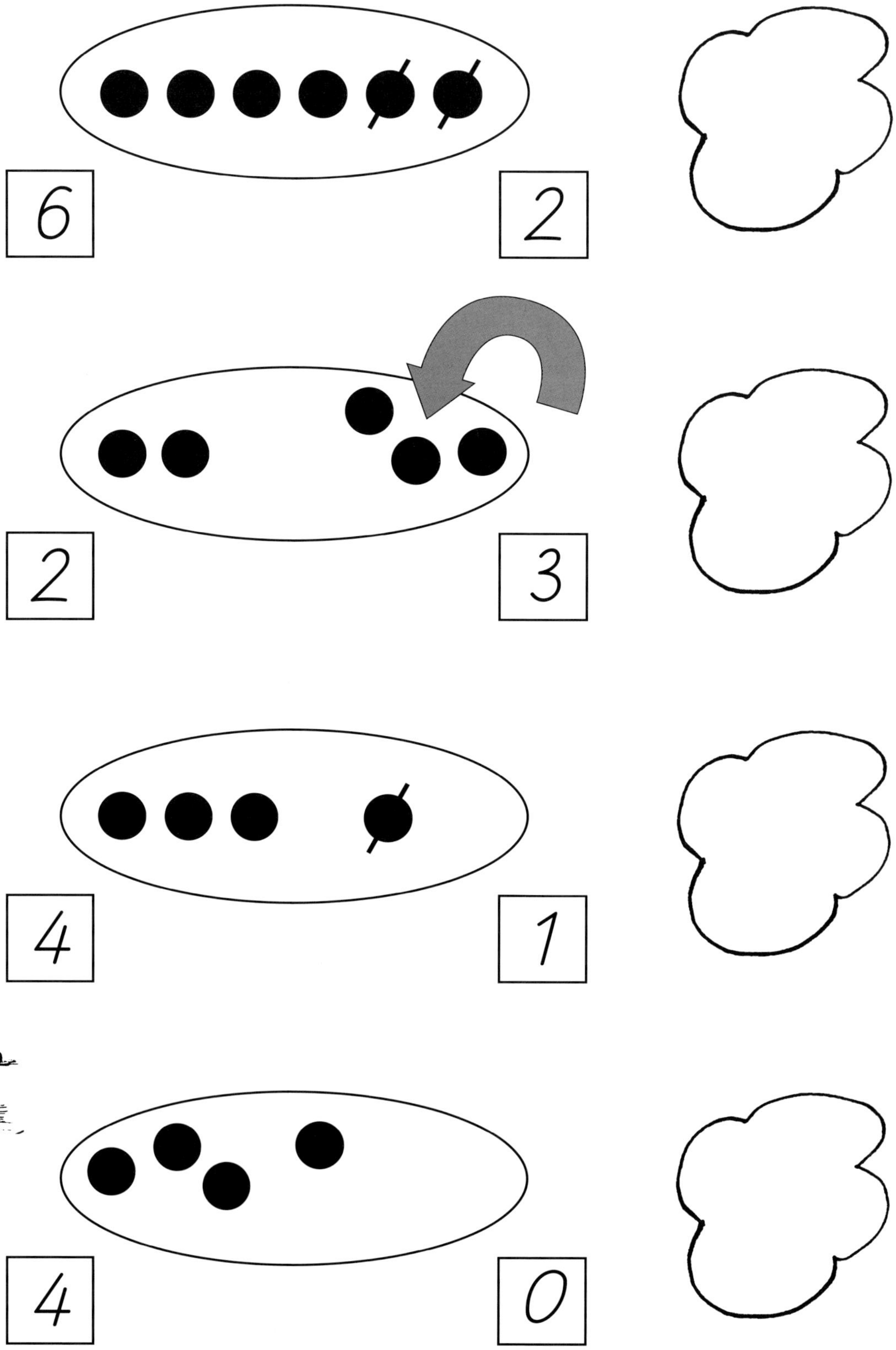

Hier wurde dazugefügt. Hilf Zalo Zifferli, die richtige Zahl in die Wolke zu schreiben.

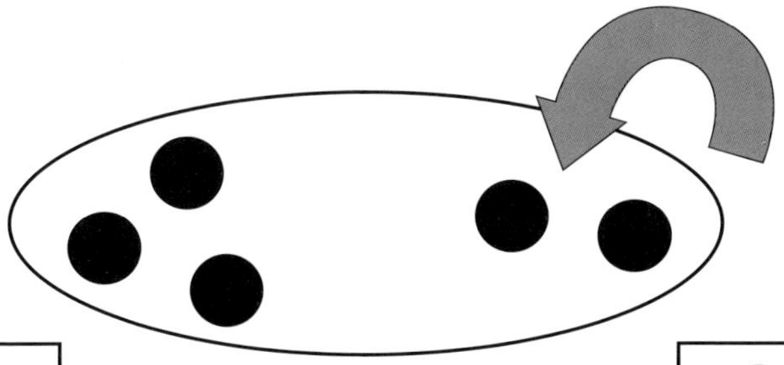

3 + 2

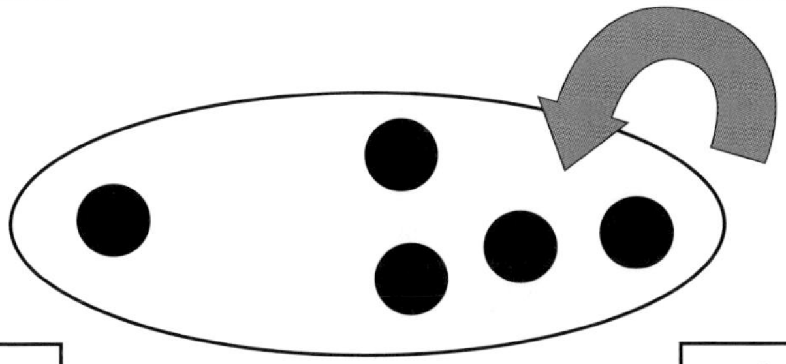

1 + 4

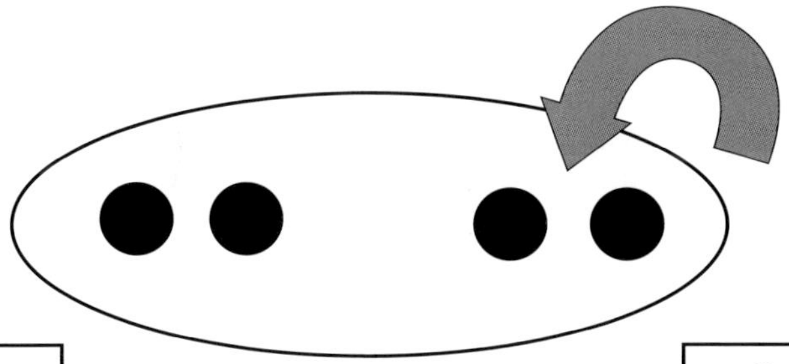

2 + 2

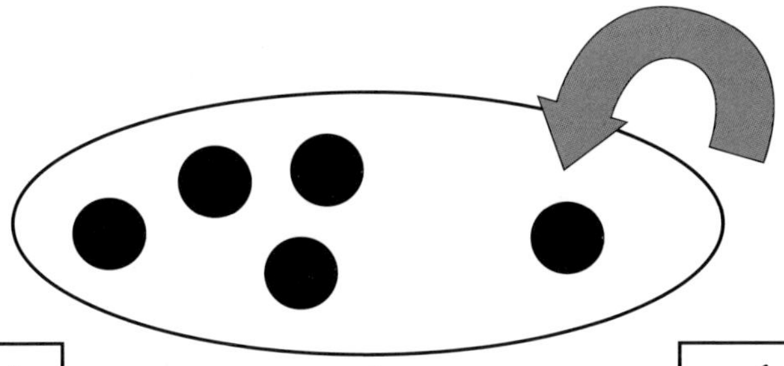

4 + 1

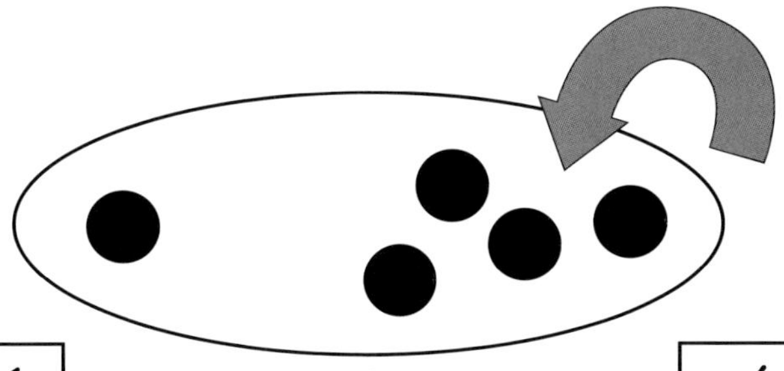

1 + 4

T. Blümer, R. Gräve, M. Opitz: Rechne mit Zalo Zifferli, Band 3

Hier wurde weggestrichen. Hilf Zalo Zifferli, die richtige Zahl in die Wolke zu schreiben.

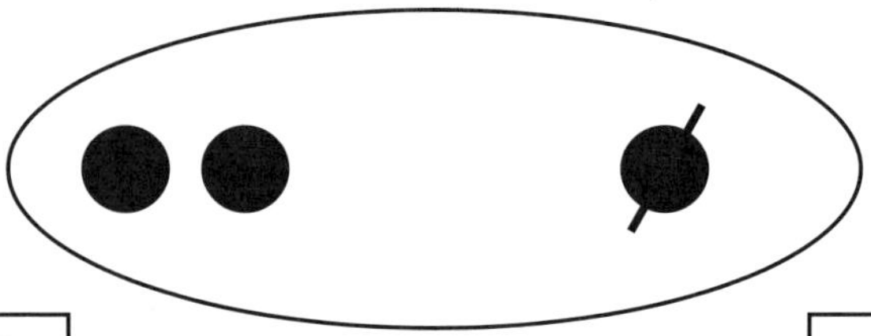

3 – 1

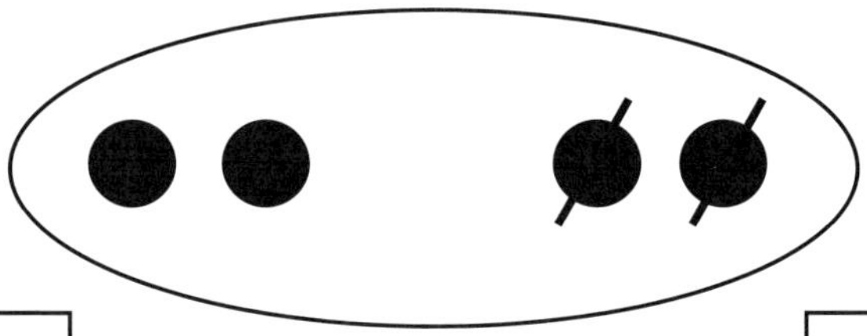

4 – 2

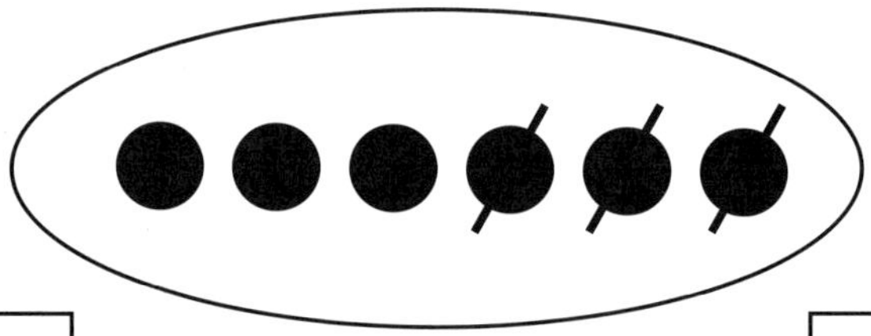

6 – 3

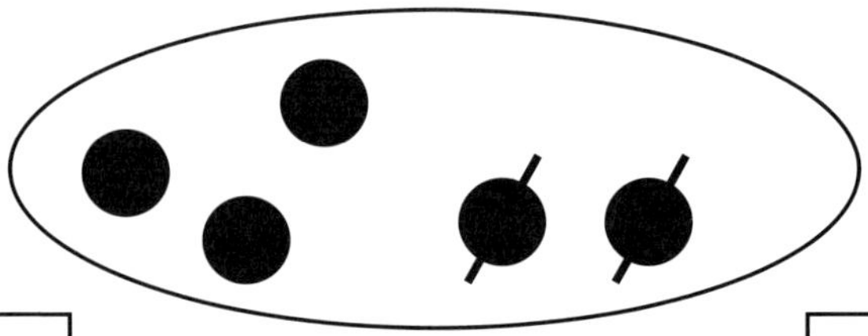

5 – 2

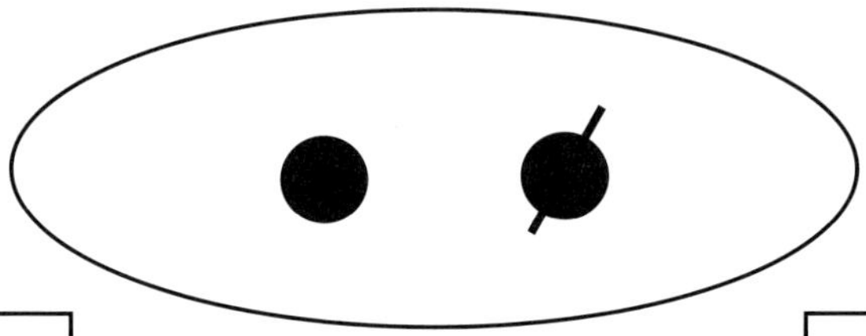

2 – 1

T. Blümer, R. Gräve, M. Opitz: Rechne mit Zalo Zifferli, Band 3

Hier wurde dazugefügt oder weggestrichen.
Hilf Zalo Zifferli, die richtig Zahl in die Wolke zu schreiben.

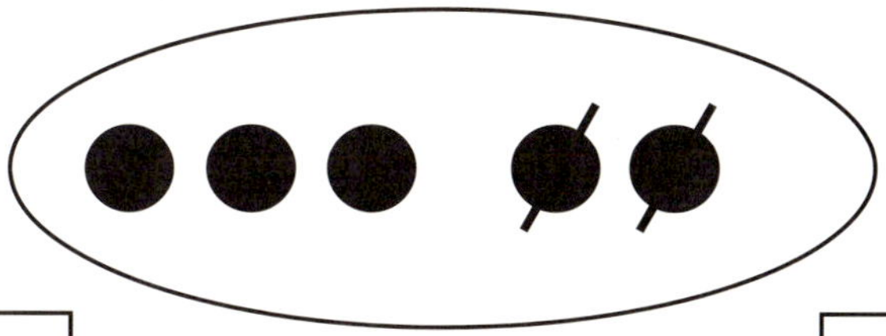

5 − 2

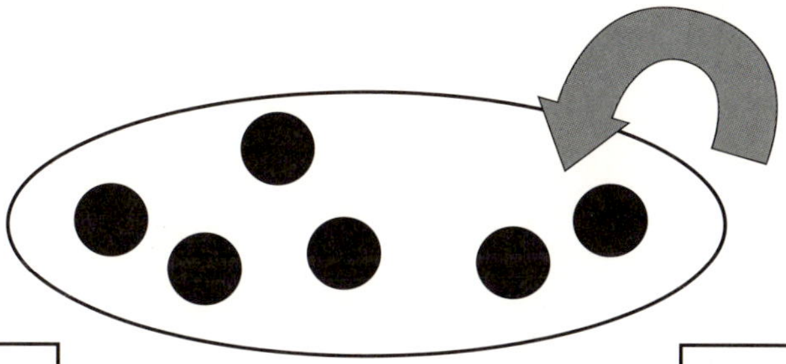

4 + 2

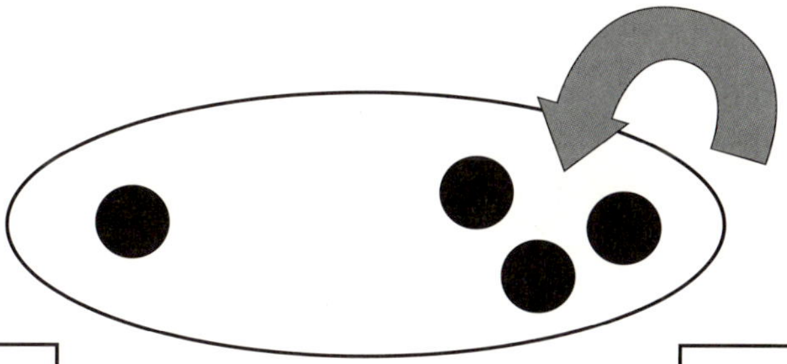

1 + 3

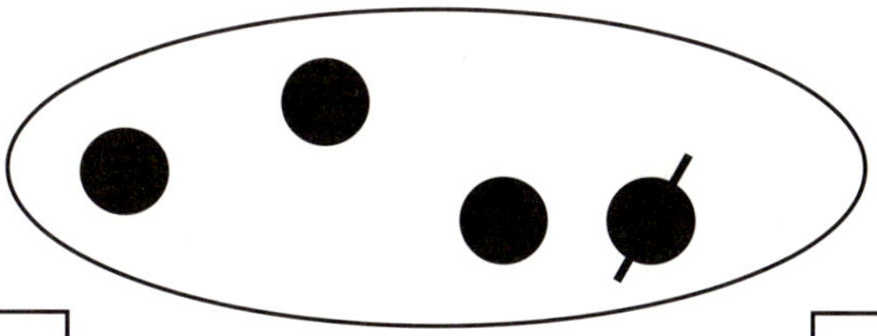

4 − 1

2 + 1

T. Blümer, R. Gräve, M. Opitz: Rechne mit Zalo Zifferli, Band 3

Hier wurde dazugefügt oder weggestrichen. Jetzt hat Zalo die Rechenzeichen weggenommen.
Trage sie wieder ein.

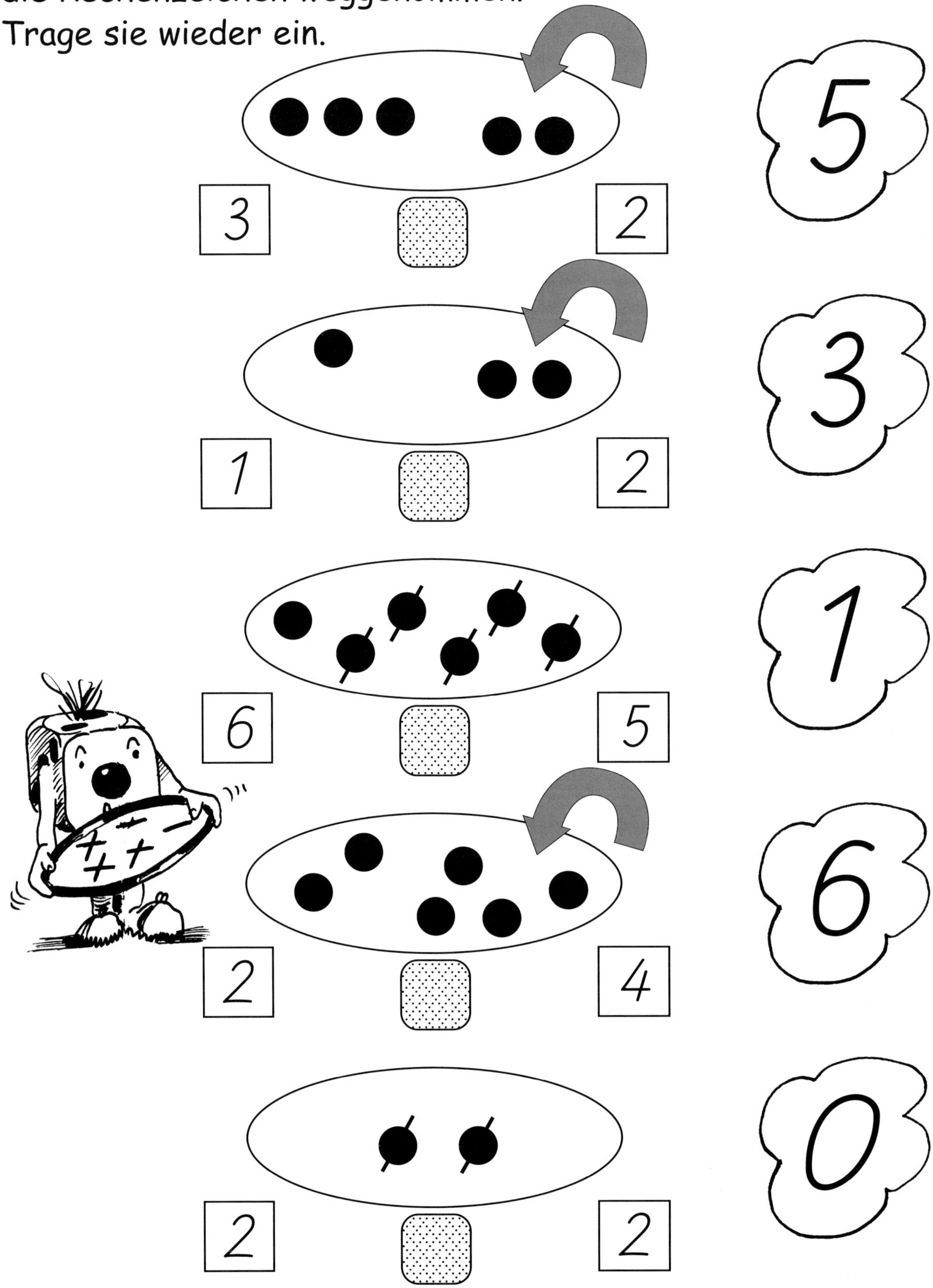

12.2.5 – 4	Mengenoperationen auf zeichnerischer Ebene unter Hinzunahme der Rechenzeichen	Seite 112

Erzähle zu jedem Bild eine Geschichte. Entscheide, ob es eine Dazu-Geschichte oder eine Weg-Geschichte ist. Schreibe die Rechenzeichen in die Kästchen.

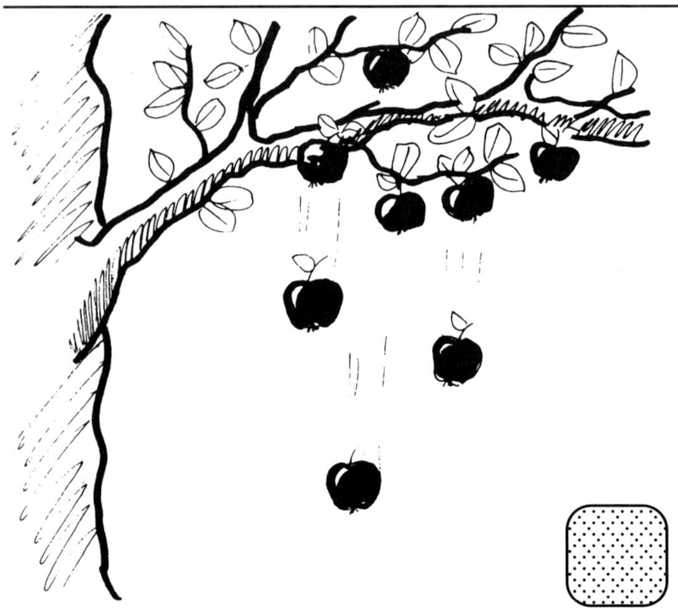

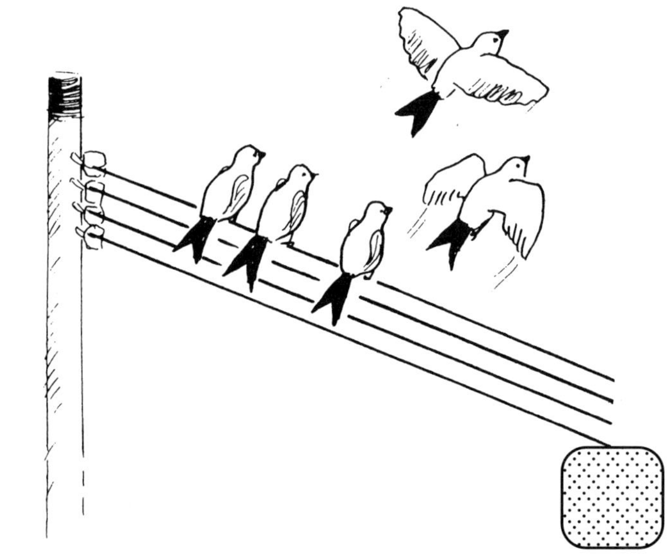

Zalo überlegt bei jeder Aufgabe, ob auf den Tellern gleich viele Punkte oder nicht gleich viele Punkte sind.
Hilf ihm, die richtigen Zeichen einzutragen.

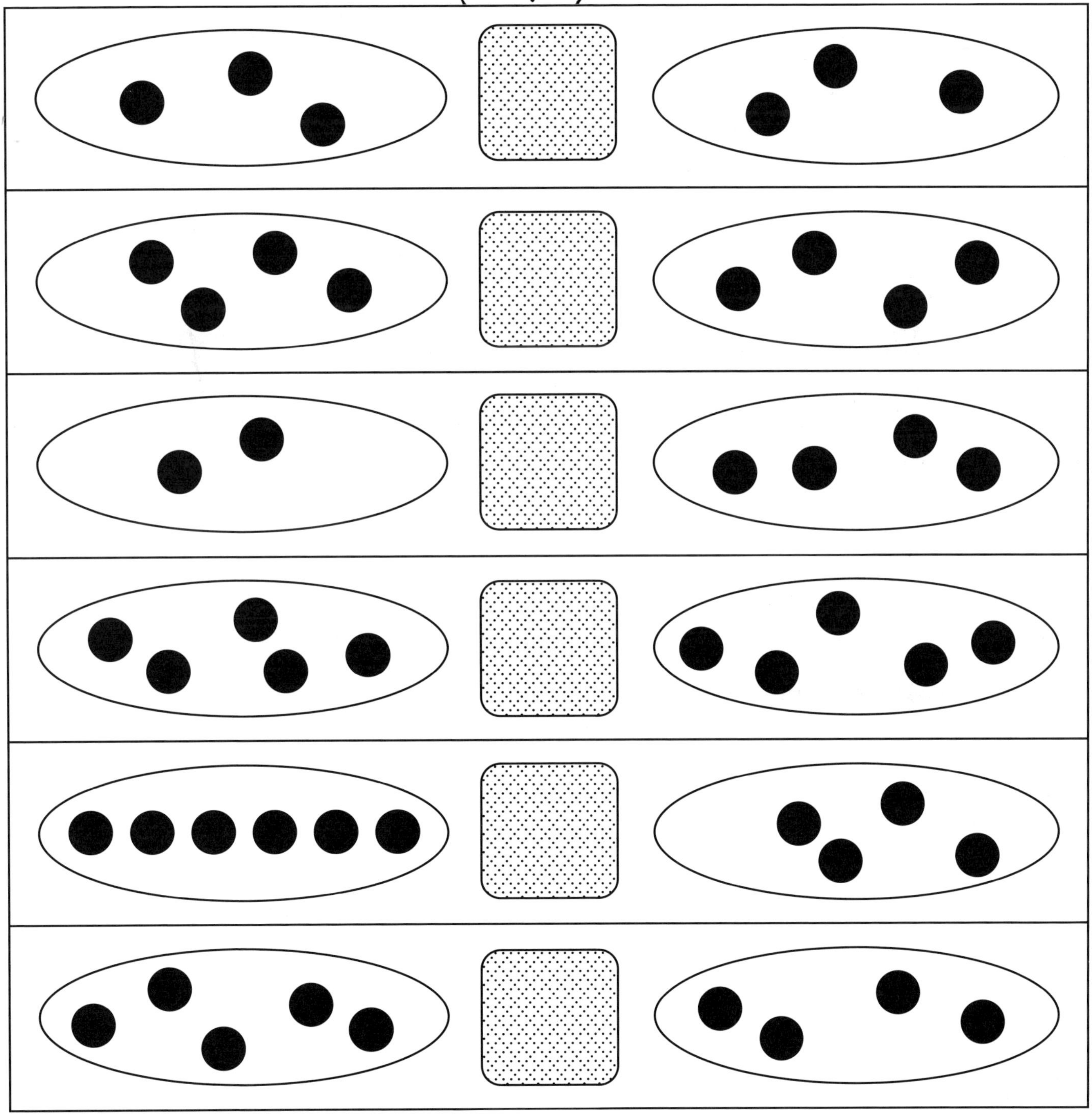

Vergleiche und trage ein:
IST GLEICH oder IST NICHT GLEICH

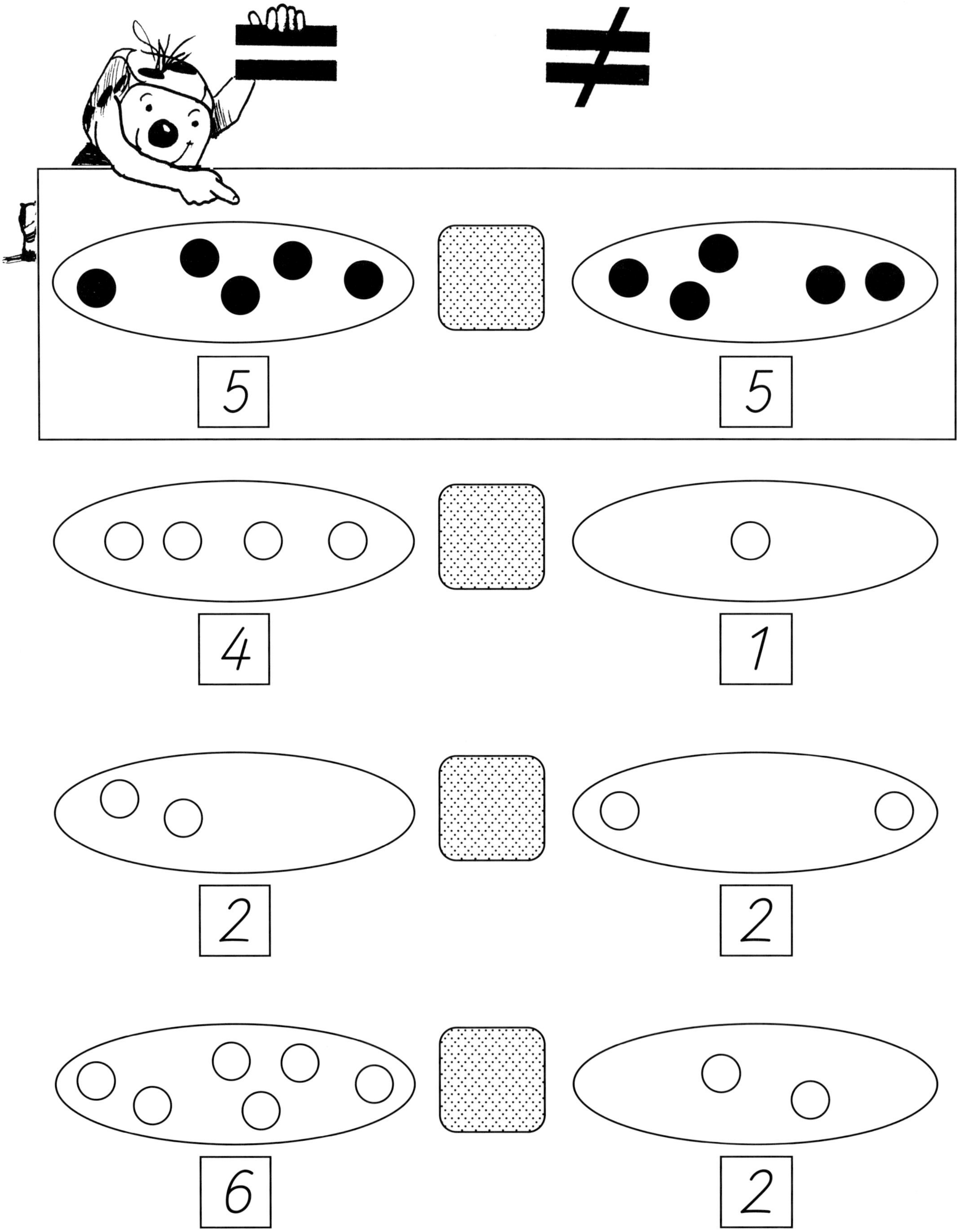

Vergleich und trage ein:
IST GLEICH oder IST NICHT GLEICH

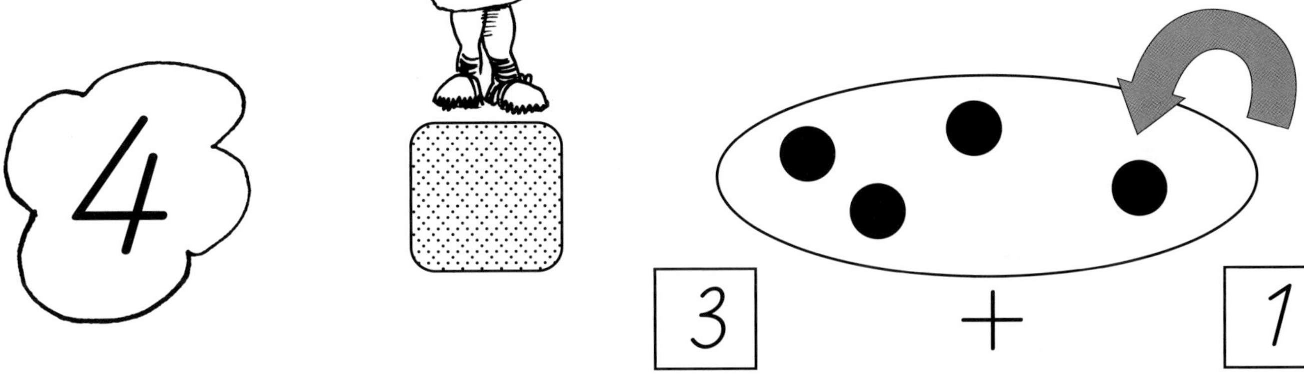

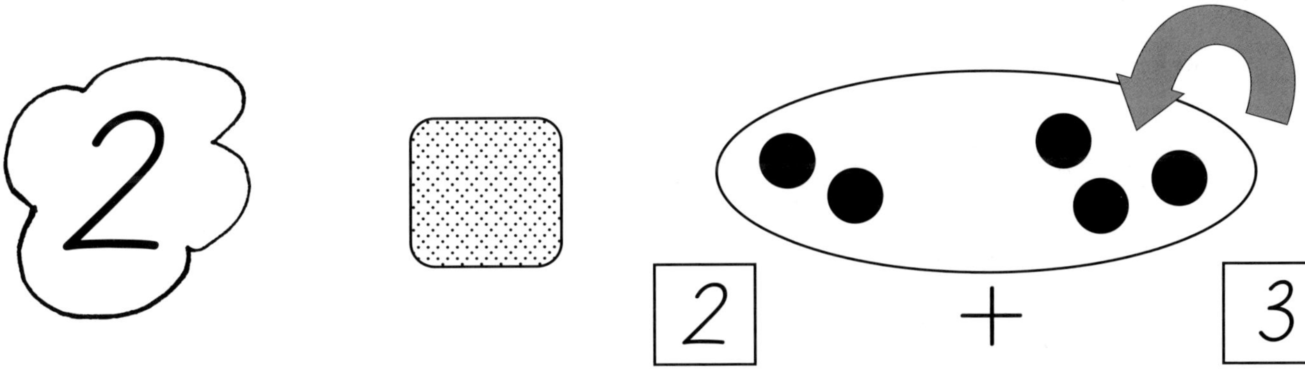

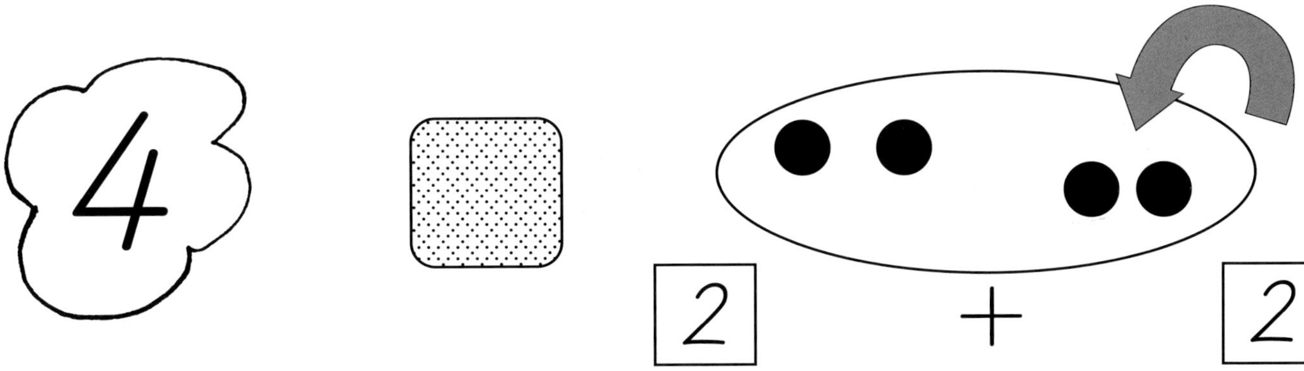

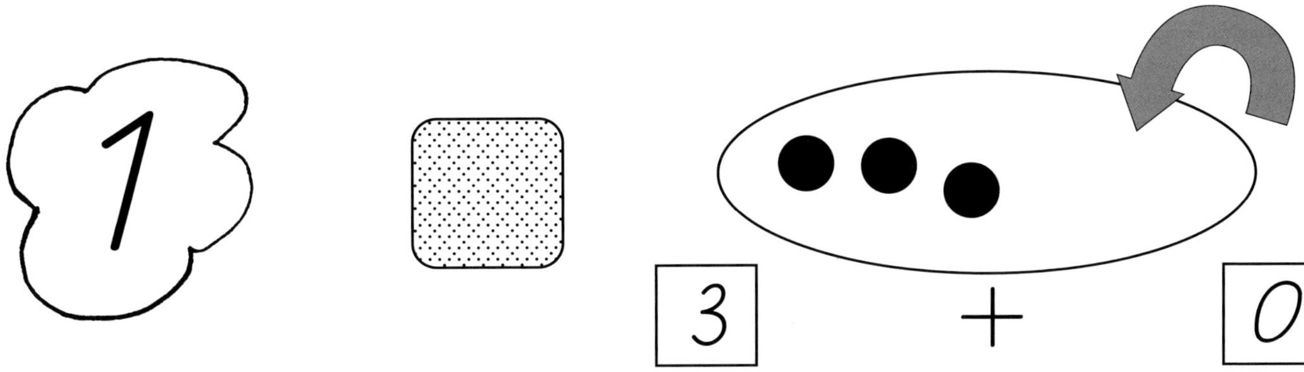

Hier wurde dazugefügt oder weggestrichen.
Hilf Zalo Zifferli, die richtige Zahl in die Wolke zu schrei-

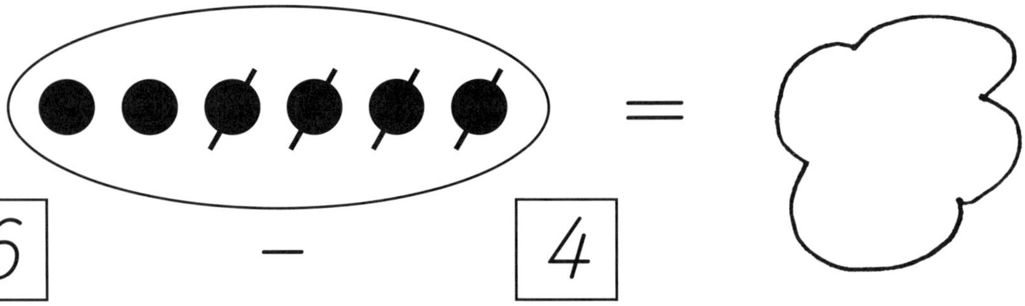

6 − 4

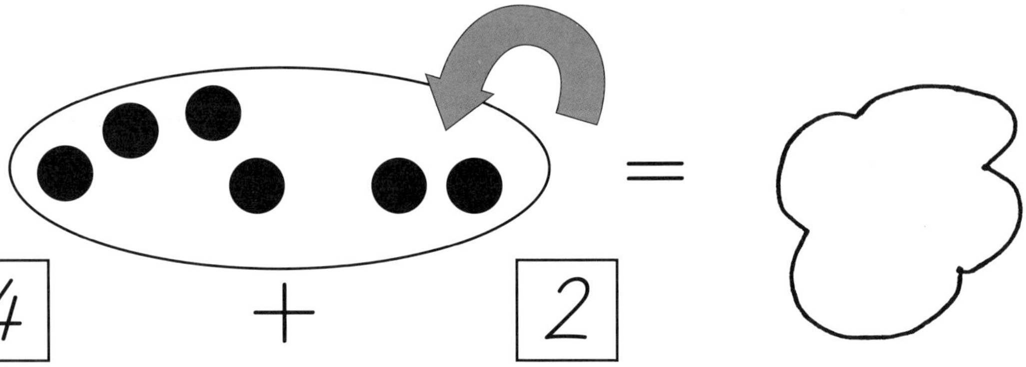

4 + 2

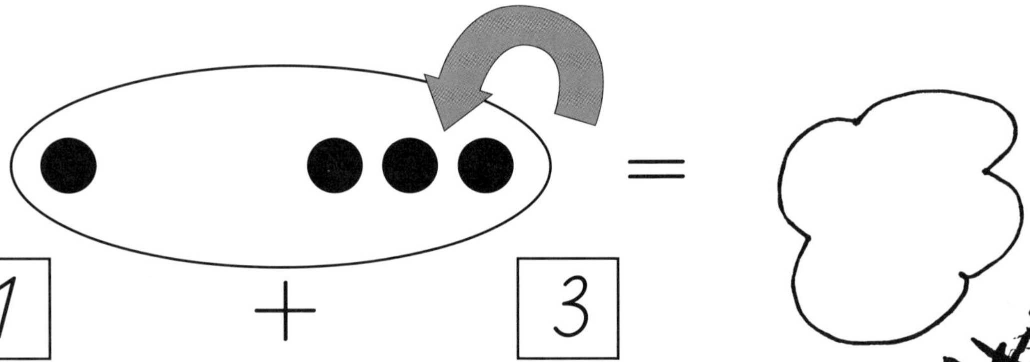

1 + 3

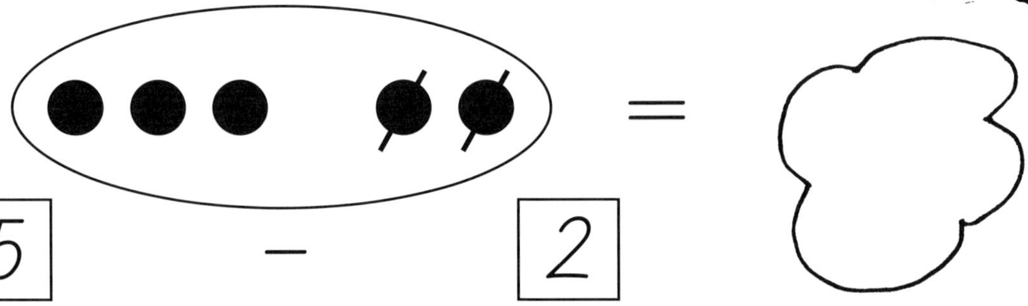

5 − 2

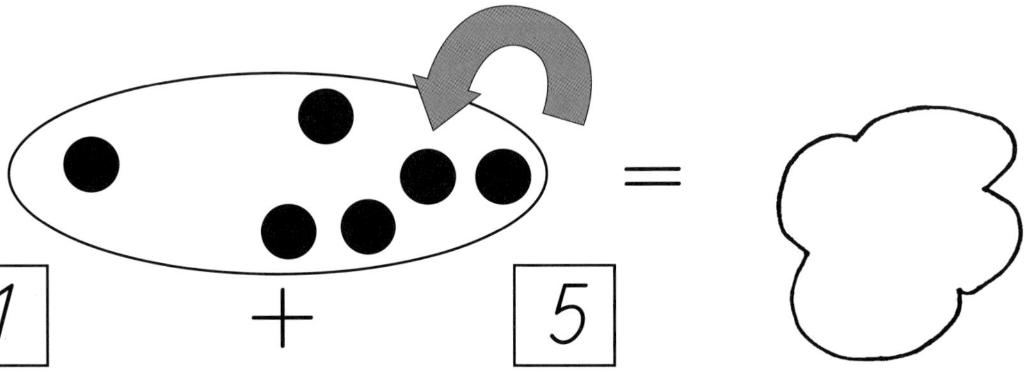

1 + 5

12.3.1 – 1	Zahlenoperationen in Verbindung mit Mengenoperationen	Seite 118

Nur an den Rechnenzeichen kannst du erkennen, ob dazugefügt oder weggestrichen wurde. Schreibe die richtige Zahl in die Wolke.

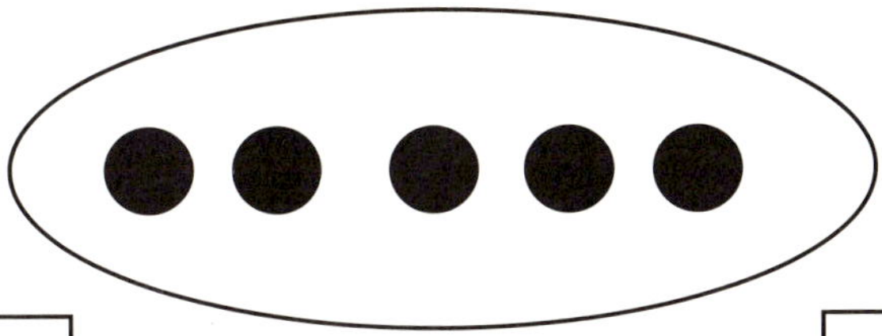

2 + 3 =

4 − 2 =

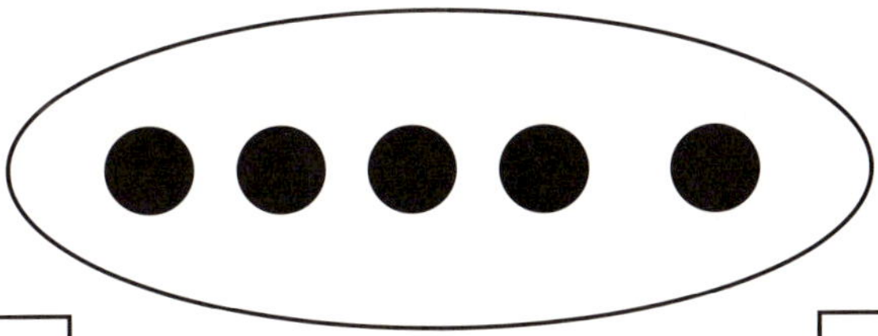

4 + 1 =

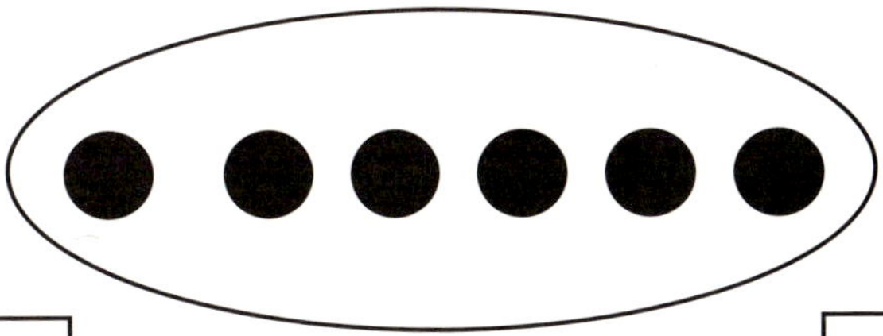

6 − 5 =

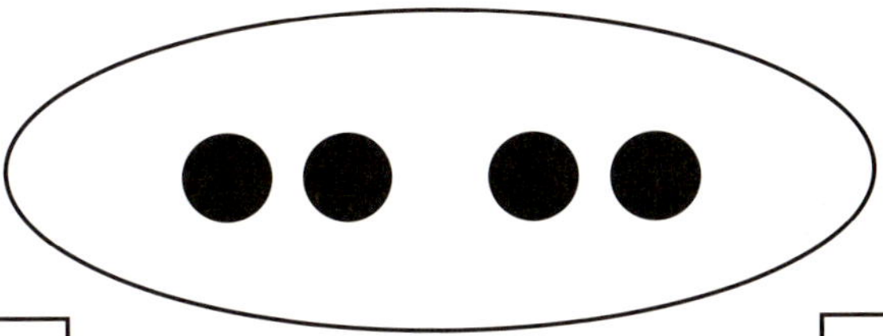

2 + 2 =

Rechne DAZU oder WEG. Trage das Ergebnis in das leere Kästchen oder in die Wolke ein.

● ● ● ● ●

2 = 5 − □

● ● ● ● ● ●

4 + 2 = ☁

● ● ● ● ●

5 = □ + 1

● ● ● ● ● ●

6 − 5 = ☁

● ● ● ●

4 + 0 = ☁

T. Blümer, R. Gräve, M. Opitz: Rechne mit Zalo Zifferli, Band 3

Rechne DAZU oder WEG. Trage die Ergebnisse in die Wolke ein.

4 + 1 =

3 + 2 =

3 + 3 =

5 − 1 =

4 − 3 =

2 − 0 =

Erzähle zu diesem Bild eine Geschichte.
Schreibe die Rechenaufgabe darunter.

☐ + ☐ = ☐

Erzähle zu diesem Bild eine Geschichte.
Schreibe die Rechenaufgabe darunter.

☐ − ☐ = ☐

Spiele